AF313841

LA GRAMMAIRE DES STYLES

L'ART JAPONAIS

LA GRAMMAIRE DES STYLES

CETTE collection a pour but de présenter au public, sous une forme nouvelle, une série de Précis sur l'Histoire de l'Art.

La juxtaposition de l'illustration et d'un texte très concis permettra aux moins initiés de comprendre aisément la caractéristique des Styles et d'en suivre l'évolution.

Déjà parus :

L'ART GREC ET L'ART ROMAIN
L'ART ROMAN
L'ART GOTHIQUE
LA RENAISSANCE ITALIENNE
LA RENAISSANCE FRANÇAISE
LE STYLE LOUIS XIII
LE STYLE LOUIS XIV
LE STYLE LOUIS XV
LE STYLE LOUIS XVI
LE STYLE EMPIRE
L'ART ÉGYPTIEN
L'ART INDIEN ET L'ART CHINOIS
L'ART JAPONAIS

A paraître :

L'ART MUSULMAN

LA GRAMMAIRE DES STYLES

COLLECTION DE PRÉCIS SUR L'HISTOIRE DE L'ART
PUBLIÉE SOUS LA DIRECTION
DE
HENRY MARTIN
Archiviste Paléographe — Administrateur honoraire de la Bibliothèque de l'Arsenal

L'ART
JAPONAIS

OUVRAGE ORNÉ DE 50 FIGURES DANS LE TEXTE
ET DE 11 PLANCHES HORS TEXTE

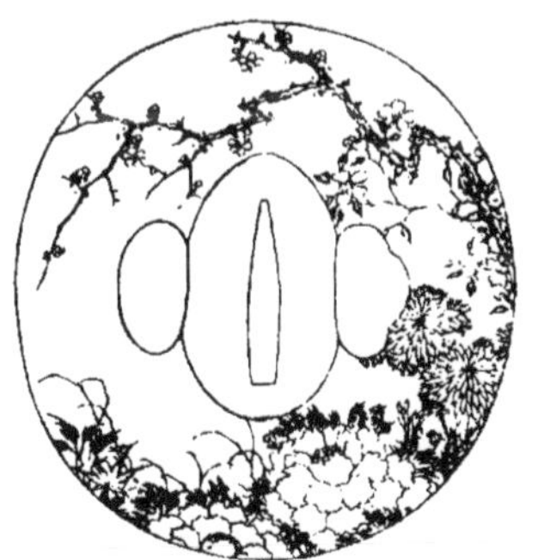

PARIS (VIe)

LIBRAIRIE D'ART R. DUCHER
3, Rue des Poitevins (Près la Place Saint-Michel)

Copyright 1926 by R. Ducher.

L'ART JAPONAIS

Chapitre Premier

ORIGINE ET ÉVOLUTION DE L'ART AU JAPON

Origine. — Il y a environ trois mille ans, des Mongols, venus de Chine, de Corée ou de Malaisie, envahissaient le Japon et en chassaient les habitants, les *Aïnos*, dont des descendants subsistent encore dans l'île de Yéso. Telle serait l'origine du peuple japonais.

Jusqu'au VIe siècle après J.-C., le Japon demeure dans un état voisin de la barbarie, et l'art n'y joue qu'un rôle très effacé. La religion est alors le culte naturaliste *shinto*, qui est basé sur l'adoration du soleil et n'admet point la représentation des dieux. Les temples de ce culte n'ont aucune décoration : les deux objets cultuels sont un miroir dépoli, posé sur l'autel, symbole du soleil créateur se levant sur les flots, et une sorte de bâton, le *gohei*, auquel est fixée une bandelette et qui est le symbole de la pureté.

C'est au VIe siècle, avec l'introduction du bouddhisme par des prêtres venus de Corée, que commence la civilisation japonaise. Durant cinq siècles, les seuls centres d'enseignement, les seuls foyers d'art seront, comme en France durant le moyen âge (1), les monastères ; mais il s'agit ici, on le comprend, des monastères bouddhiques.

Du XIIe au XVe siècle, le Japon a été le théâtre de nombreuses guerres civiles. C'est alors que se forme

---

(1) Voir *l'Art roman* (2e volume de *la Grammaire des styles*).

la caste militaire des *samouraïs*, dont les exploits ont si souvent inspiré les artistes. Le pouvoir qui, jusqu'alors, était concentré entre les mains du *mikado*, souverain spirituel et temporel, passe aux mains du chef militaire, le *shogoun*, ou *taïkoun*. Le pays est divisé en principautés féodales, dont les chefs sont les *daïmios*. Il faut arriver au commencement du XVIIe siècle pour voir s'établir au Japon une paix définitive, grâce au shogoun *Yayasu*, de la famille *To-Kugawa*, qui, en fait, régnera sur le Japon de 1603 à 1867.

Évolution. — On peut diviser l'histoire de l'art japonais en cinq périodes :

1º La période primitive, qui va du VIe au IXe siècle, est l'époque archaïque, où l'art japonais vit sous l'influence de l'art chinois ou de l'art coréen. Le style alors est noble et solennel, mais froid et compassé.

2º Avec la deuxième période, du Xe au XIVe siècle, nous assistons à la naissance de l'art japonais. Les artistes, qui sont groupés à Kioto, commencent à s'affranchir de l'influence chinoise.

3º Aux XVe et XVIe siècles, nous verrons poindre la renaissance japonaise. Dans cette troisième période, on constate la présence de deux écoles bien distinctes : l'une réaliste et vivante, c'est l'école de *Kano* ; l'autre académique et aristocratique, c'est l'école de *Tosa*.

4º Ce n'est, en réalité, qu'à la quatrième période, au début du XVIIe siècle, que s'épanouit l'art purement japonais : il a pour centre la ville de Yédo. Ce qui le distingue, c'est une richesse extrême dans le décor et une grande recherche de l'élégance.

5º L'art académique et aristocratique disparaît au XVIIIe siècle pour faire place à un art populaire et réaliste. C'est l'époque des grands maîtres de l'estampe ; c'est la dernière phase, mais aussi l'une des plus brillantes qu'ait connues l'art japonais.

Chapitre II

CARACTÈRES GÉNÉRAUX

L'art japonais doit beaucoup à l'art chinois ; et, pourtant, les races japonaise et chinoise ne se ressemblent nullement.

Le tempérament chinois est empreint de philosophie, de calme, de patience et de discipline ; le Japonais, au contraire, est vif, enjoué, spirituel et très raffiné.

Ce raffinement se manifeste dans toutes les branches de l'art et dans les moindres détails de la vie. Le culte de la beauté s'affirme au Japon jusque dans les bibelots d'un usage commun. Nous verrons, par exemple, les Japonais échanger, au renouvellement de l'année, de charmantes petites estampes appelées *sourimonos*. Ces estampes, qui sont imprimées, avec un soin délicat, sur des fonds d'or ou d'argent et décorées de gaufrures, sont employées aussi comme cartes d'invitation. D'autre part, dans les maisons japonaises, à la place d'honneur, est suspendue une grande peinture, le *kakémono*, mais une seule, pour cette raison qu'il n'est pas admis qu'on puisse apprécier à leur valeur plusieurs œuvres d'art à la fois. Devant cette peinture est posé un joli vase, avec des plantes ou des feuillages, dont la couleur doit s'harmoniser, suivant des règles établies, avec les tons du *kakémono*. On pourrait multiplier à l'infini les preuves du goût délicat de la race japonaise.

Aucun peuple n'a aimé la nature d'une façon à la fois aussi ardente et aussi poétique. Le jour de la fête des cerisiers en fleurs, qui est une fête nationale, toute la population abandonne les villes pour aller aux champs admirer la nature dans son épanouissement printanier.

Il n'est pas rare de voir, dans les villes, des Japonais en contemplation devant de minuscules jardins, installés sur un simple plateau ou dans une boîte profonde. Gardons-nous de taxer de puérilité ces manifestations d'une race douée d'une sensibilité exquise.

Les deux qualités essentielles du génie artistique japonais sont l'appropriation du décor à la forme et la puissance d'évocation.

Appropriation du décor à la forme. — Les Japonais peuvent être considérés comme les premiers

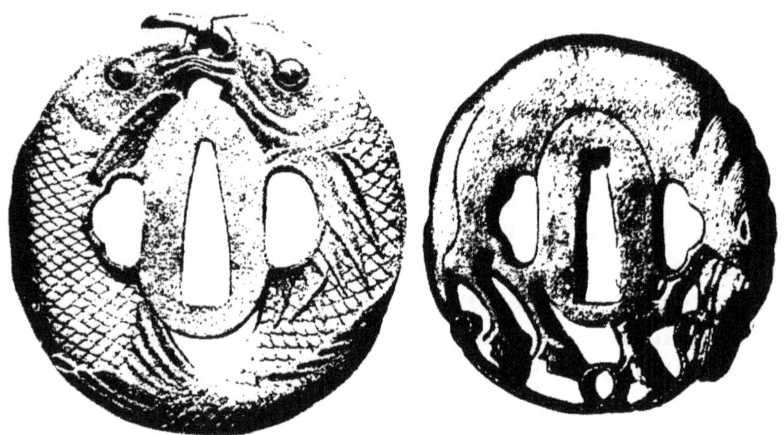

Fig. 1 et 2. - - Gardes de sabre (xviie siècle).

décorateurs du monde. Aucun peuple, en effet, n'a possédé à un pareil degré le don de l'invention décorative, ni l'art de tirer parti, avec une ingéniosité incomparable, d'un motif pris dans la nature pour l'adapter à une forme donnée.

Comme exemples de cette appropriation du décor à la forme, nous ne saurions mieux faire que de signaler les gardes de sabre. On sait que ces gardes étaient percées de trois trous, l'un pour l'épée, les deux autres pour les dagues ; il fallait donc découvrir dans la nature des éléments pour former l'entourage de ces trois ouvertures. C'est en enlaçant deux carpes (fig. 1) et en courbant un cheval de bât (fig. 2) que les Japonais ont trouvé ici une solution originale et imprévue au problème décoratif.

Un autre exemple d'appropriation du décor à la forme nous est fourni par une composition remarquable empruntée à un tissu (fig. 3). Il s'agissait

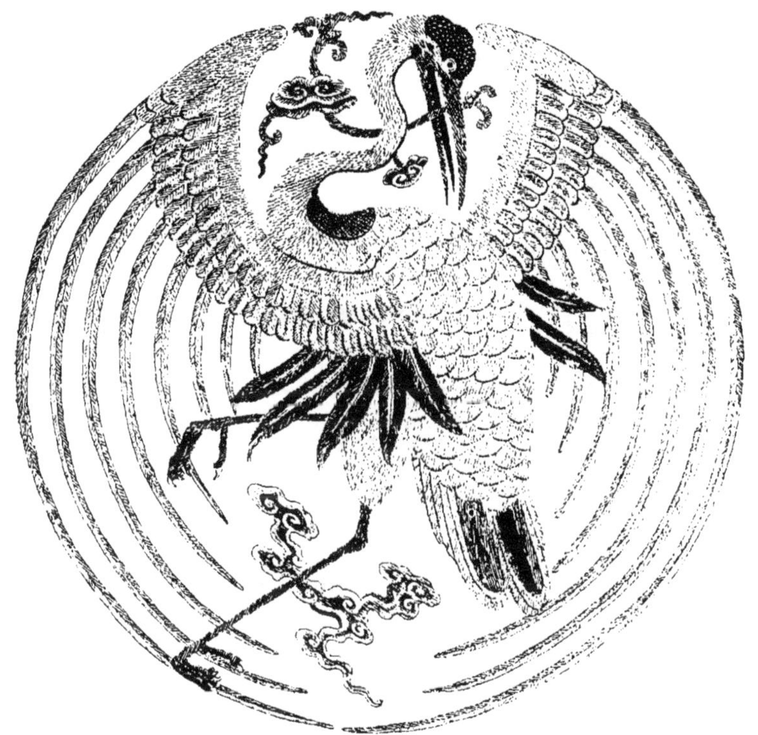

Fig. 3. — Cigogne stylisée (tissu).

là d'inscrire dans un cercle une cigogne aux ailes déployées : on peut voir avec quelle souplesse de main le décorateur japonais a su tirer parti du corps de l'oiseau. Dans cette composition, l'artiste, tout en restant scrupuleusement exact, a modifié la nature de façon à l'approprier aux nécessités de la décoration. Cette stylisation des formes empruntées à la nature est, en général, pratiquée avec tant d'habileté par les Japonais qu'elle ne nous choque en aucune façon.

La puissance évocatrice. — Les Japonais n'ont pas seulement le don de l'observation exacte, ils possèdent aussi cette faculté si rare qui consiste à saisir l'esprit, l'âme, la physionomie des choses et des êtres. Doués d'une extraordinaire faculté de perception rapide, ils descendent dans l'intimité des formes de la nature et ils en fixent dans leur cerveau une image synthétique. Un paysage du peintre *Hiroshigué* (fig. 4)

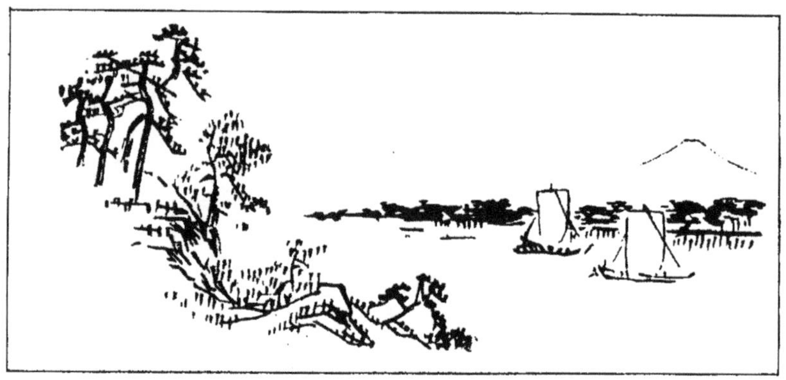

Fig. 4. — Paysage, par Hiroshigué.

nous fera comprendre cette merveilleuse qualité du génie japonais, qui est la simplification audacieuse dans la notation. Il n'y a dans ce paysage que l'essentiel : les arbres, les bateaux, la montagne y sont indiqués d'une façon très sommaire et, pourtant, singulièrement expressive. A vrai dire, les Chinois ont également possédé cette puissance de suggestion par le croquis rapide (1), cette grandeur du dessin sommaire; mais les Japonais les ont incontestablement surpassés. Ils ont été les premiers impressionnistes, et ils ont prouvé qu'ils connaissaient d'instinct la véritable mission de l'art, qui n'est pas de copier servilement la nature, mais de l'exprimer.

Rien n'est plus curieux que cette passion des Japo-

---

(1) Voir *L'Art indien et l'Art chinois* (12ᵉ volume de la *Grammaire des styles*).

nais pour la recherche, la poursuite de l'expression de la vie et du mouvement. L'apparence de la vie ne leur suffit pas, ils épient la nature jusqu'à ce qu'ils en aient brisé l'enveloppe. Parfois ils veulent saisir l'insaisissable : nous en trouvons un exemple chez le peintre *Hokusaï* dans son tableau l'Éclair sur

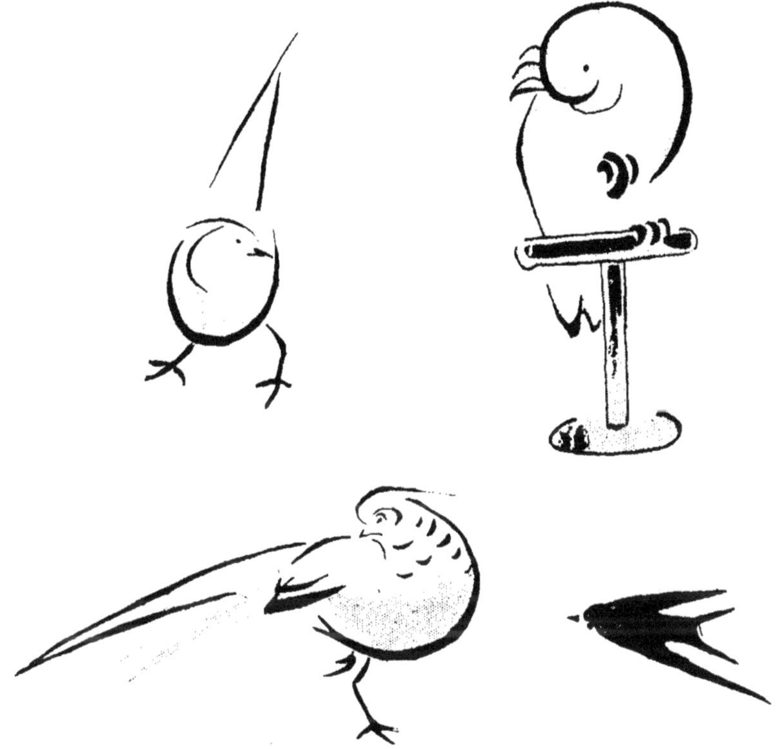

Fig. 5. — Oiseaux, par Massayoshi.

le Fuji, où il a voulu fixer l'éclat fugitif du rayon dans la nue.

Les études d'oiseaux par *Massayoshi* (fig. 5) nous offrent un nouvel exemple de simplification dans la notation et de croquis synthétique. Ici, le dessin est simplifié à l'extrême : on remarquera notamment l'aisance magistrale avec laquelle sont indiqués les mouvements des différents oiseaux, notamment ceux du perroquet.

Chapitre III

L'ARCHITECTURE

Caractères généraux. — Les architectes japonais avaient à lutter contre trois éléments : la chaleur, les pluies abondantes et les tremblements de terre. Contre la chaleur, ils ont recours, comme les Chinois, à des toitures superposées (fig. 9) ; contre la pluie, ils emploient les grandes toitures débordantes ; contre les tremblements de terre, ils adoptent les constructions sans fondations et sans murs de clôture.

Jusqu'à ces derniers temps, les édifices publics et les maisons du Japon n'ont été que des carcasses en bois, fermées par des panneaux mobiles et reposant sur le sol sans lui être reliées par des fondations. Dans ces constructions, les seuls points d'appui sont les poteaux ou piliers en bois sur lesquels est posée la toiture.

Bien que la pierre soit abondante au Japon, c'est le bois qui y est d'un usage presque exclusif; mais la polychromie vient égayer les façades : les poutres, les consoles, les sculptures sont peintes en bleu, en gris, en brun, en pourpre ou vermillon. Quant aux poteaux ou piliers, c'est généralement de noir, de rouge et d'or qu'ils sont couverts. L'or, le bronze et le laque viennent ajouter une note somptueuse à cette polychromie.

Ce sont les toitures à bords relevés aux extrémités que les architectes japonais adoptèrent tout d'abord ; mais ils n'ont pas tardé à les modifier. Dans les porches, notamment, ils donnent à la toiture une forme incurvée (fig. 8), dont la ligne sinueuse rompt la monotonie des lignes horizontales.

On a dit avec raison que l'architecture japonaise a été la première et la plus belle des architectures en bois. Les charpentiers japonais sont, en effet, de merveilleux artisans : les pièces de leurs charpentes sont assemblées avec un soin minutieux, sans clous ni vis. Les piliers n'ont presque jamais de chapiteaux; ils reçoivent la toiture sur la poutre transversale au moyen d'un système de consoles superposées en encorbellement (fig. 6). Ces consoles sont souvent termi-

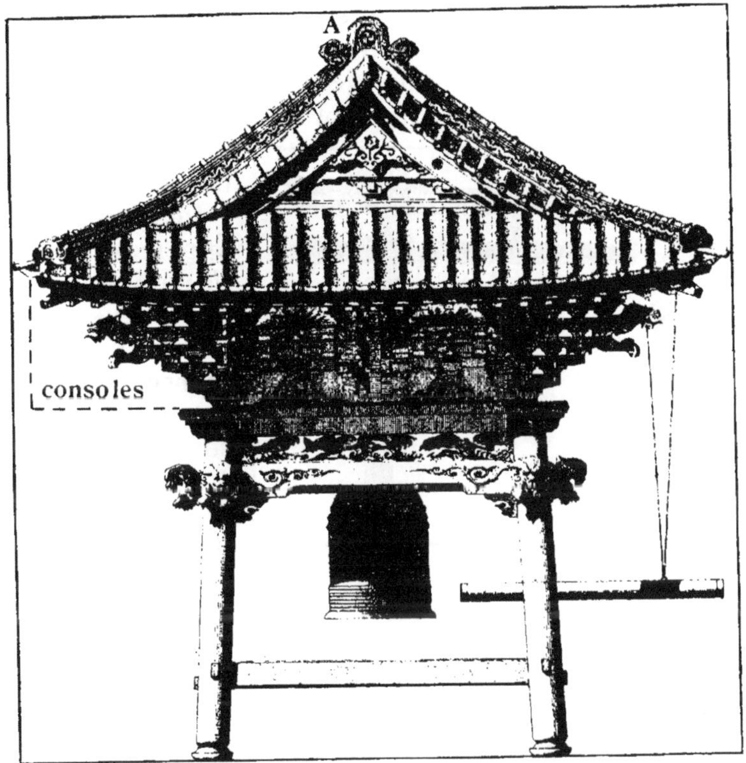

Fig. 6. — Kiosque, abri de cloches.

nées par des têtes de dragons. Comme en Chine, les pignons ont leurs deux rampants reliés par une sorte d'auvent, et le vide en est rempli par une planchette en bois découpé, ornée d'une rosette. L'antéfixe (fig. 6 A) tantôt affecte la forme de vagues stylisées, tantôt est faite d'un masque de démon ou d'une tête de lion ; elle est peinte de couleurs vives. Les fenêtres, qui dans les habitations privées sont inexistantes, comme on le verra plus loin, furent d'abord rectangulaires dans les édifices publics, puis trilobées, puis quadrilobées avec anneaux, ou bien avec un treillage et du papier transparent (fig. 8).

Les temples. — Les Japonais ont disséminé la plupart de leurs temples dans des jardins très accidentés. Ces temples comprennent le sanctuaire appelé *hondo* ou *kondo* ; la salle de prédication, *kodo* ou *amida-do* ; la bibliothèque, la salle du trésor, la pagode, les fontaines.

Les lanternes, appelées *ishidoro*, y sont très nombreuses. Ces lanternes, en pierre volcanique ou en bronze, sont grillagées dans leur partie supérieure (fig. 8).

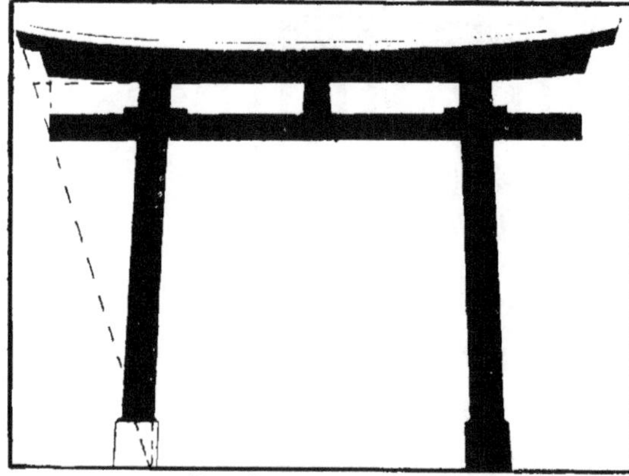

Fig. 7. — Type de torii.

A l'entrée des jardins des temples s'élèvent plusieurs portiques appelés *torii* (fig. 7), sous lesquels il est prescrit de passer. On les fit tout d'abord en bois grossièrement équarri, puis en pierre ; les proportions, établies suivant des règles fixes, en sont charmantes (fig. 7).

Sans pouvoir établir d'une façon certaine la filiation, il est évident qu'il y a une parenté étroite entre le *torii* japonais et le *toran* indien (1). L'un et l'autre, en effet, sont formés de deux poteaux reliés par des traverses ; tous deux ont le même caractère sacré et s'élèvent à l'entrée de l'enceinte des temples. Les *torii* bouddhistes sont couverts de peintures et leur sommet est incurvé (fig. 7).

(1) Voir *L'Art indien* et *l'Art chinois* (12ᵉ volume de la *Grammaire des styles*).

Un des plus anciens édifices du Japon est le monastère de Horiu-ji, qui remonte au VIIe siècle et qui est
l'œuvre d'architectes coréens. L'influence chinoise y
est aussi sensible que dans la belle pagode de Yakushi-ji de la même époque. Le style purement japonais apparaît dès le XIe siècle avec l'amida-do de

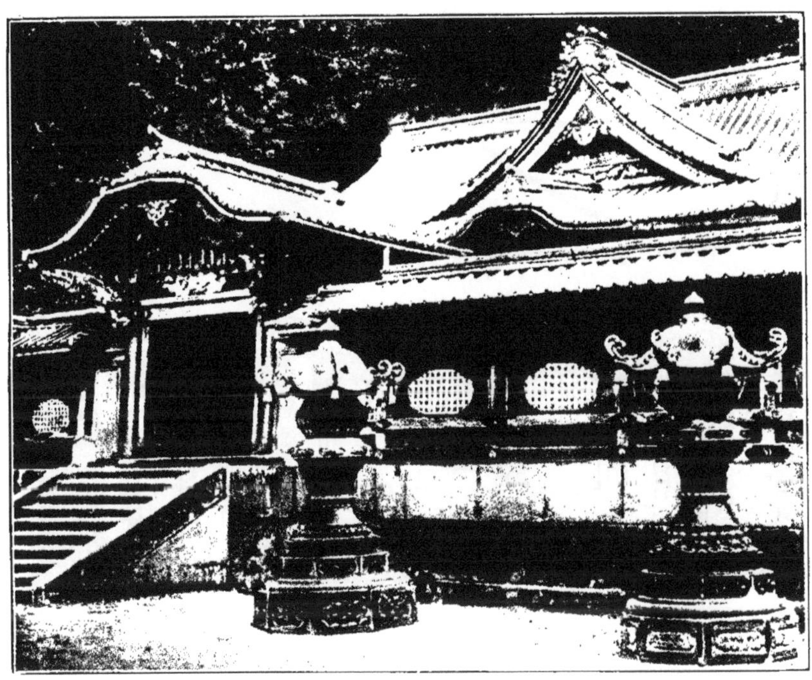

Fig. 8. — Temple Yemitsu, à Nikko.

Hokaï-ji (1050) et la pagode de Kofuju-ji (1143). Au XVe
siècle, on constate un renouveau de vogue pour l'architecture chinoise avec le monastère d'Obaku-San.
   Le XVIIIe siècle est l'âge d'or de l'architecture japonaise. Les édifices de cette époque sont empreints
d'une incomparable somptuosité ; mais les toitures
et la construction sont souvent d'une complexité excessive. Le temple de Shiba a été malheureusement
détruit par un incendie ; mais il nous reste les temples
de Nikko (fig. 8), d'Uyeno et de Chion-In, à Kioto.

L'habitation. — Les maisons japonaises, qui n'ont, en général, qu'un seul étage, sont toutes bâties sur le même plan, sans aucune fondation ; le plancher, surélevé d'environ 70 centimètres, repose sur des poteaux (fig. 9). L'une des particularités de la maison japonaise est de n'avoir ni murs extérieurs ni murs de refend. La maison est fermée par des cloisons mobiles sur deux côtés et fixes sur les deux autres. Dans la journée on enlève ces cloisons mobiles

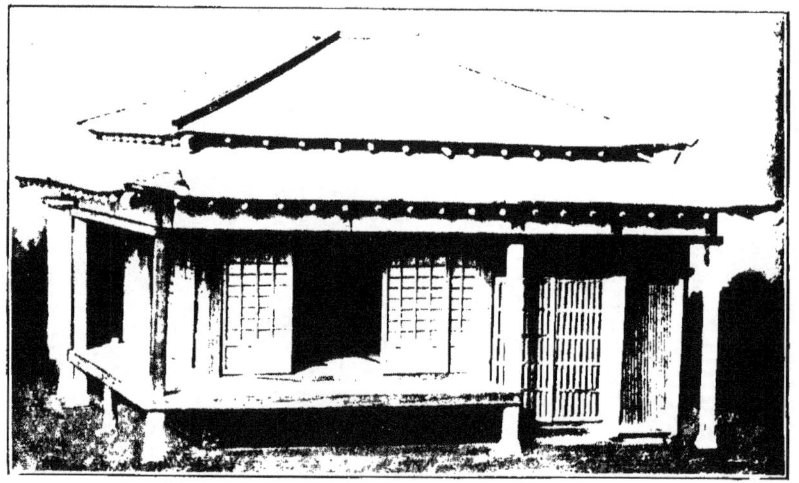

Fig. 9. — Type de maison japonaise.

qui sont faites de treillages en bois garnis de mince papier de riz blanc crème tendu sur le lattis (fig. 9). Une galerie ouverte, abritée par la saillie de la toiture, court autour de la maison (fig. 9).

A l'intérieur, on peut modifier à sa guise la distribution des pièces, grâce à des cloisons à glissières, sortes de châssis en bois, sur lesquels est tendu un papier assez épais. Ces cloisons, nommées *fusumas*, sont le plus souvent ornées de peintures décoratives ou de paysages à peine esquissés ; elles mesurent environ 1 m. 80 de hauteur. Dans la pièce principale, qui sert de salle de réception, sont dressées deux alcôves. L'une, nommée *tôko-noma*, est surélevée d'environ 15 centimètres ; elle contient un beau vase, et le fond est décoré d'une grande peinture sur soie appelée *kakémono* (fig. 10). L'autre, désignée sous le nom de *chigai-dama*, est garnie d'étagères ; on y expose souvent les trésors artistiques de l'habitant, soit une statuette (fig. 10), soit un autre objet d'art.

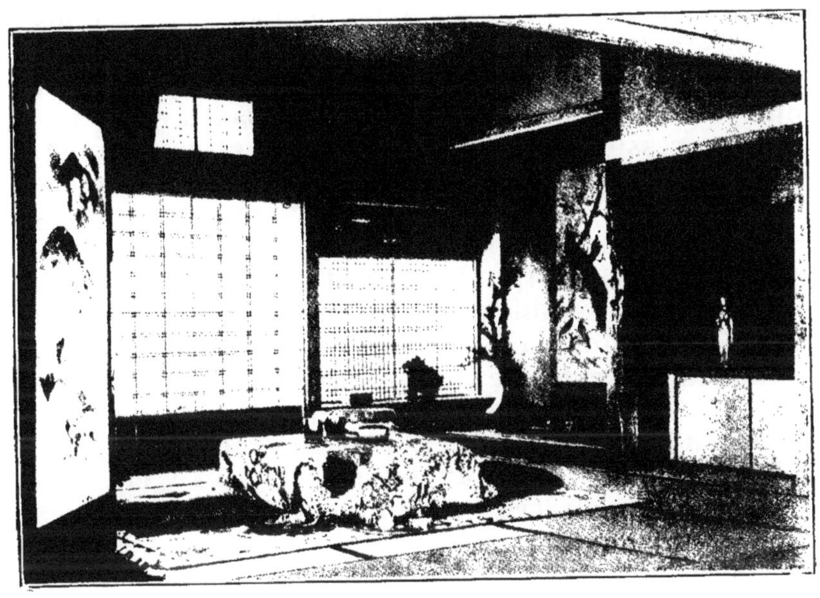

Fig. 10. — Pièce de réception d'une maison japonaise, par les architectes Yamada, Miyamoto et Shinoda.

Le mobilier japonais, fort rudimentaire, comprend de très petites tables, de 15 à 20 centimètres de hauteur, qui servent aux repas, des coffres à tiroirs, des paravents. Il n'y a aucun siège, les Japonais s'asseyant sur des coussins. Quant aux lits, ils sont faits de minces matelas qu'on roule dans la journée. Malgré cette absence de mobilier, les pièces ne semblent pas vides, tellement les tons sont étudiés et choisis avec art : nattes vert pâle, essences de bois, kakémonos, etc.

CHAPITRE **IV**

LA DÉCORATION

Les éléments de la décoration. — On constate dans la décoration japonaise de nombreux exemples de naturalisme conventionnel : les éléments pris dans la nature y sont stylisés et répétés à l'infini.

Parmi les éléments décoratifs le plus fréquemment employés, nous citerons d'abord les nuages et les vagues, expression symbolique de la vie et de la mort. Les nuages sont le plus souvent exécutés à la manière chinoise (fig. 3). Quant aux vagues, tantôt la stylisation en est faite avec modération, comme au temple Chion-In, à Kioto (pl. I), tantôt, au contraire, elle est excessive et semble un défi au bon sens, comme au mausolée d'Iyémitsu, à Nikko (pl. I). Les éléments géométriques sont assez nombreux. Notons particulièrement le quadrillé losangé (pl. I), les rosaces sur un fond d'hexagones (pl. I), dont on trouve un exemple sur une des portes du temple de Nikko, et aussi un motif qu'on observe fréquemment, les demi-cercles superposés en forme d'écailles de poissons. Les imitations de travaux de vannerie sont également nombreuses. Les fleurs que reproduisent le plus volontiers les artistes japonais sont celles des cerisiers, des pruniers, des chrysanthèmes, des paulownias, mais ces dernières seulement au XVIIIe siècle. Souvent les feuillages sont très stylisés, notamment dans la sculpture sur bois. Les colonnes n'ont pas, en général, de chapiteaux ; mais il y a des exceptions, comme, par exemple, au mausolée d'Iyémitsu, à Nikko, où elles sont pourvues d'un chapiteau et d'une base qui rappellent l'ordre papyriforme égyptien à l'époque de l'Ancien Empire. Le fût de ces colonnes est peint en rose, et le chapiteau, ainsi que la base, sont dorés.

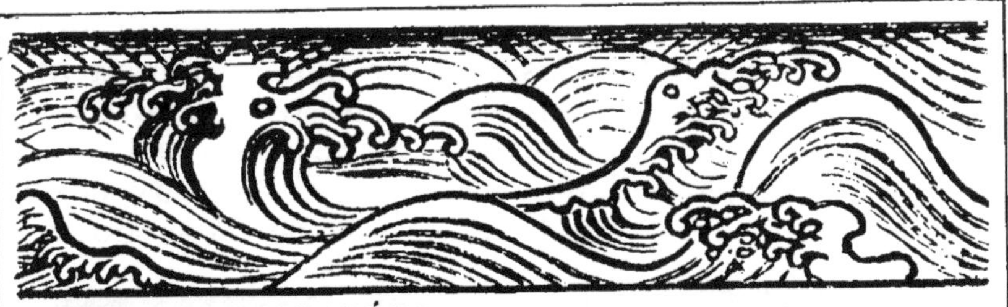

VAGUES STYLISÉES _ Temple CHION-IN

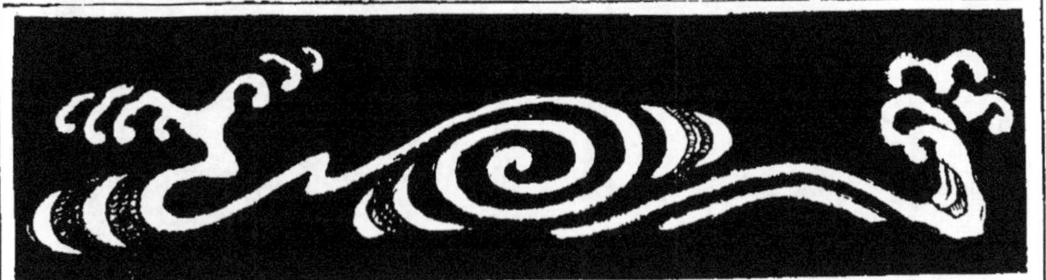

VAGUES TRES STYLISÉES _ Mausolée d'IYÉMITSU

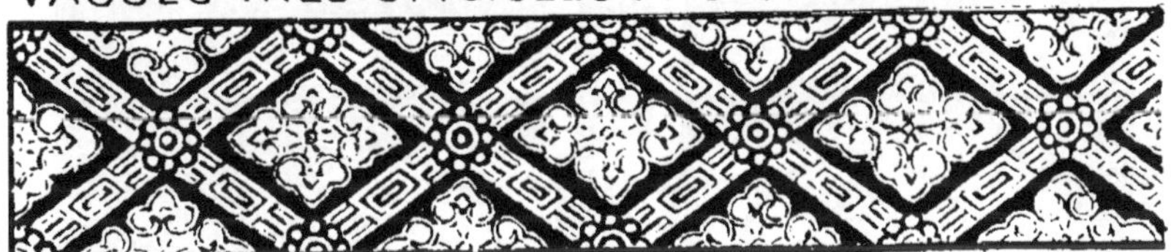

QUADRILLÉ LOSANGÉ _ Temple CHION-IN

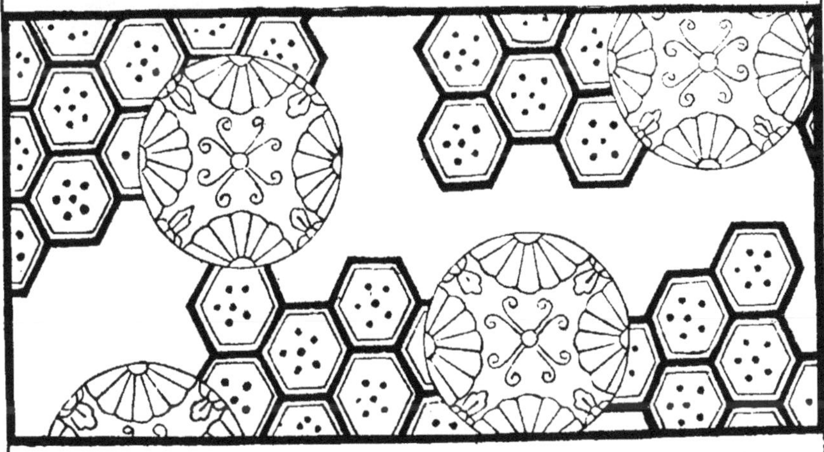

ROSACES SUR UN FOND D'HEXAGONES

La décoration intérieure. — Les Japonais, qui ont l'amour des belles essences de bois, n'admettent point la coutume européenne qui consiste à peindre les bois. Toutefois, dans les édifices publics, ils ont souvent recouvert partiellement les bois de métaux précieux, comme au plafond du temple de Toshogu, à

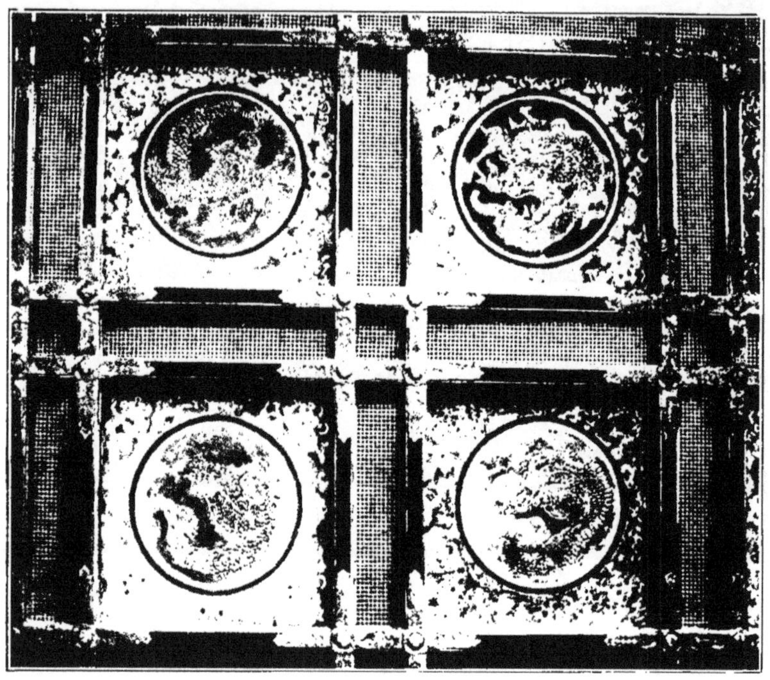

Fig. 11. — Plafond du temple de Toshogu, à Nikko.

Nikko (fig. 11), où les croisements des compartiments sont habillés d'un revêtement métallique.

Dans la plupart des grandes salles, les corniches reposent sur un système de consoles superposées (pl. II) : c'est, en somme, le même principe que celui qui est appliqué dans les façades (fig. 6).

Les plus anciennes décorations intérieures consistaient en peintures de ton rouge ou jaune ocre ; mais bientôt on employa l'or bruni, les laques noirs et rouges.

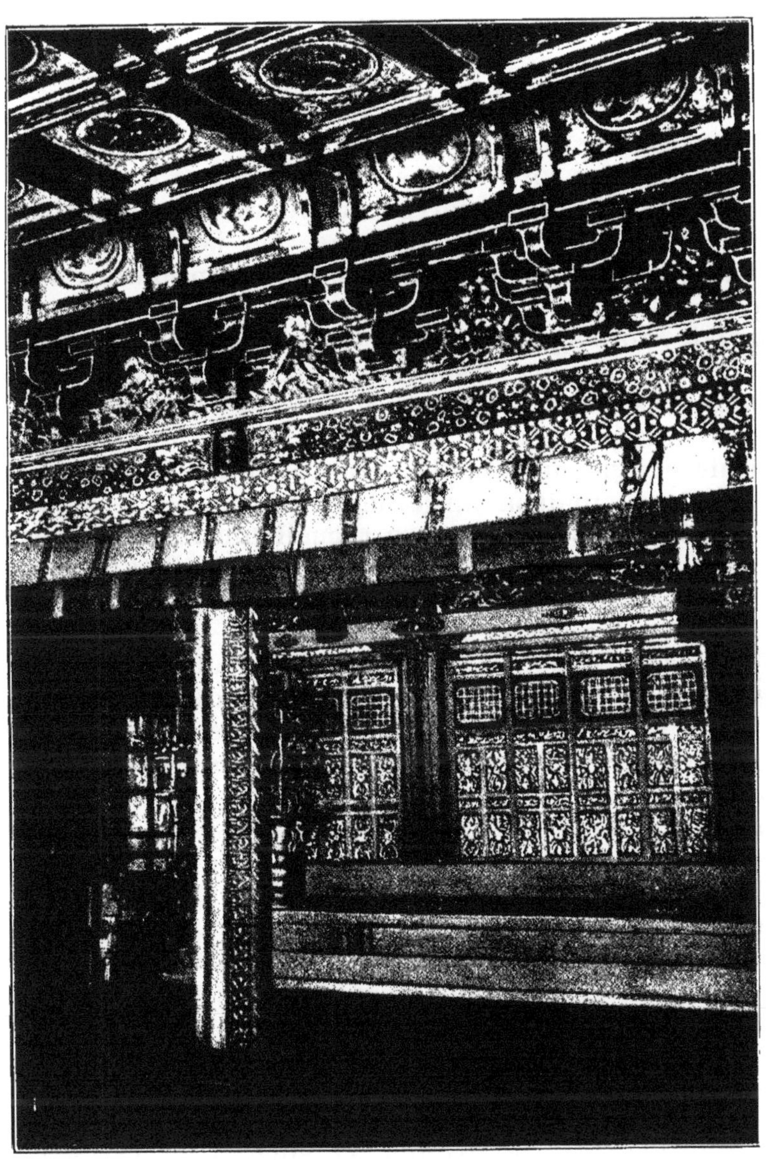

Intérieur du temple de Toshogu, à Nikko.

CHAPITRE V

LES JARDINS

Les Japonais ont une façon très particulière de concevoir l'art des jardins. Ils n'admettent ni les massifs de fleurs, ni les parterres réguliers, et n'attachent d'importance qu'au pittoresque. Un jardin japonais est le plus souvent la reproduction en miniature d'un site célèbre par sa beauté : on distingue le genre *torrent de montagne*, le genre *Océan rocheux*, le genre *vaste rivière*, etc. Ce sont de petites rivières, de petits ponts, des rochers et des montagnes en miniature, des arbres en raccourci, dont on a, avec une patience infinie et une ingéniosité remarquable, comprimé la sève. De sa maison largement ouverte sur le jardin, le Japonais observera avec recueillement l'image réduite d'un site grandiose qu'il aura eu l'occasion d'admirer. Ajoutons que les clôtures sont assez hautes pour protéger des regards indiscrets.

Une des curiosités du jardin japonais consiste en ce qu'on pourrait appeler le *chemin de pierres*. Ce chemin se compose d'une succession de pierres plates enfoncées dans la terre, tantôt petites, tantôt assez grandes pour y poser les deux pieds (fig. 12). Le tracé, toujours sinueux, permet aux jolies geishas, les jours de mauvais temps, de traverser à pied sec le jardin d'un bout à l'autre et de se rendre à la maison de thé, qui, en général, est dissimulée dans un coin du jardin.

Le plus petit jardin possède au moins une lanterne de pierre (fig. 12), dont la forme est sensiblement la même que celle des lanternes des temples (fig. 8). On l'allume à certaines nuits et sa lueur pâle donne au jardin un aspect mystérieux et imprévu.

Les arbres préférés sont le pin, le cèdre, le cryptoméria, l'érable, le prunier et surtout le cerisier à cause de sa floraison printanière ; les arbustes les plus en faveur sont les lauriers et les azalées.

Le paysagiste japonais est passé maître dans l'art de donner des illusions d'optique. Disposant d'une superficie de 800 mètres carrés, il saura, par des échappées d'une surprenante habileté et sans jamais

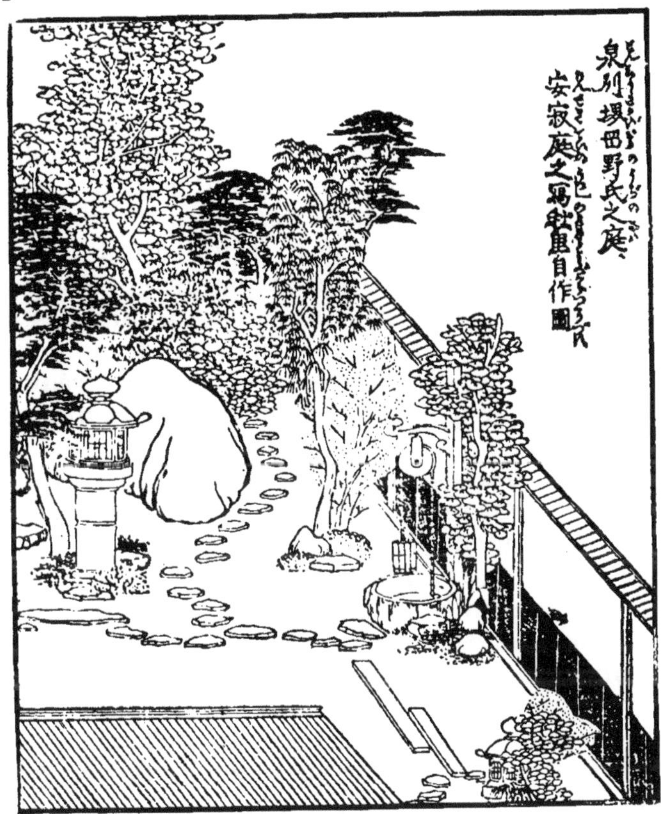

Fig. 12. — Un jardin japonais.

enfreindre les lois des proportions naturelles, nous imposer la vision d'un jardin beaucoup plus grand.

D'ailleurs, le jardin japonais n'est pas seulement un lieu de repos, c'est aussi un asile de méditation ; il est à la fois plaisant, poétique et religieux. Dans tous les jardins d'une certaine importance on voit des blocs de pierre (fig. 12), dont les formes ont une signification mystique. Sur des tablettes de pierre sont gravées des inscriptions religieuses ou morales.

CHAPITRE VI

LA SCULPTURE. — LES BRONZES. LES NETZUKÉS.

La plupart des statues japonaises sont en bois ou en bronze ; les statues en pierre sont rares. A partir du VIIIe siècle, on rencontre beaucoup de statues en terre argileuse ; ces statues, faites d'une matière très fibreuse et souvent durcies par la cuisson, sont généralement peintes. Presque aussi nombreuses sont les statues en toile laquée obtenues par l'application, sur un modèle en bois, d'une toile épaisse préalablement couverte de colle et de liège en poudre, puis laquée ensuite.

Comme les autres arts, la sculpture comprend, au Japon, un courant idéaliste et un courant réaliste.

La sculpture idéaliste est la sculpture bouddhique venue de Corée, trait d'union entre la Chine et le Japon ; elle commence au VIe siècle. Au VIIIe siècle, on peut noter l'influence de l'art gréco-bouddhique, dont le plus bel exemple est sans doute la Trinité du temple de Yakushi-ji, à Nara. L'iconographie en est celle du bouddhisme chinois et du bouddhisme indien (1). Les personnages représentés sont *Schikia*, c'est-à-dire *Çakya-Mouni*, *Amida*, le *Dhyani-Bouddha*, les *rakans* ou patriarches, *Kouan-on*, dieu ou déesse de la charité, et enfin le dieu *Jisô*, guide des voyageurs et protecteur de l'enfance, une des divinités les plus populaires du Japon (pl. III). Le dieu *Jisô* est figuré tenant, d'une main, le bâton des mendiants, terminé par un sistre à anneaux, de l'autre, une boule, *mani*, symbole de la doctrine de Bouddha. L'*urna*, un des signes de la sagesse de Bouddha, orne son front.

A partir du XIVe siècle, la sculpture religieuse dé-

---

(1) Voir *L'Art indien et l'Art chinois* (12e volume de la *Grammaire des styles*).

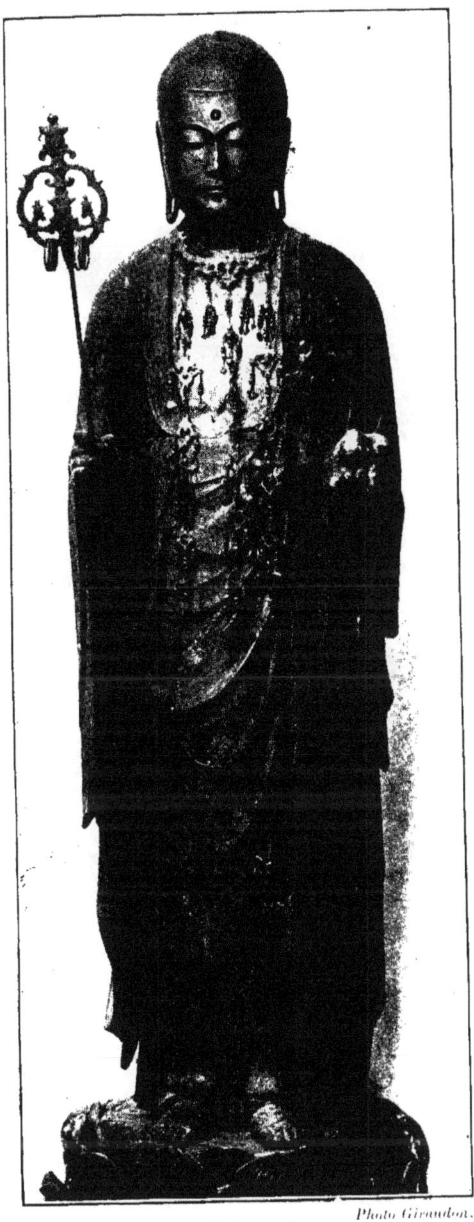

Le dieu Jisô (XIIIe siècle).
Collection Curtis.

cline ; elle est en pleine décadence au XVIe siècle.

A côté de cette sculpture idéaliste, empreinte de calme, de sérénité, de spiritualité, se développe, à partir du VIIIe siècle, la sculpture réaliste, tantôt humoristique, tantôt démoniaque.

Les statues réalistes et humoristiques sont celles du

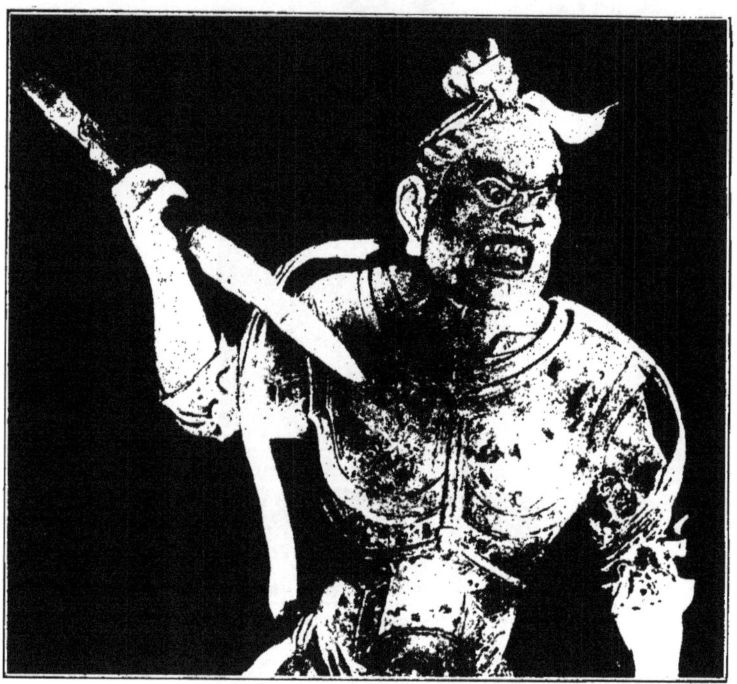

Fig. 13. — Le dieu de la guerre Shikkondo-Shint (viiie siècle).
Monastère de Todaï-ji, à Nara.

dieu *Hoteï*, dieu du plaisir, du dieu de la richesse *Daïkokou*, du dieu de la beauté *Ben-Teu*, des sept dieux du bonheur.

La sculpture réaliste démoniaque est représentée par le génie malfaisant *Fudo*, par les gardiens des quatre points cardinaux, par le dieu de la guerre, *Shikkondo-Shint*, dont le visage exprime une sorte de frénésie hurlante et sauvage (fig. 13), d'une intensité de vie qu'on a rarement égalée.

Les bronzes. — C'est vers l'an 700 que fut découvert le cuivre au Japon ; et, peu de temps après, s'élevaient les statues colossales de Bouddha, à Nara et à Kamakura.

Les Japonais, qui sont considérés comme les plus merveilleux artisans du bronze, n'ont possédé, à vrai dire, aucun secret de fabrication inconnu des autres peuples. Ils ont fait usage des procédés de la cire perdue et de la ciselure ; mais la collaboration du sculpteur et du fondeur a été très étroite. Les animaux sont reproduits par ces artistes avec une telle exactitude qu'on a émis l'hypothèse d'un moulage sur nature ; il est plus vraisemblable d'attribuer cette merveilleuse fidélité de l'exécution à l'habileté, à la sûreté de main des bronziers.

Le Musée Cernuschi, à Paris, conserve une remarquable collection de bronzes japonais. Qui n'a admiré le splendide brûle-parfums, autour duquel s'enlace un dragon, ainsi que la série d'animaux d'une observation si fine et souvent si pleine d'humour ?

Sur les bronzes japonais les plus anciens s'étend une patine vert rouille. C'est une patine noire, sans éclat, qui recouvre les bronzes du XVIIe siècle.

Parmi les vases, citons les *shakudos,* faits d'un alliage de bronze et d'or ; ces vases sont ornés d'émaux ou de motifs d'argent en relief.

Les netzukés. — Les Japonais faisaient jadis usage de vêtements sans poches, et à leur ceinture ils suspendaient par des cordelières de soie différents objets. Les boutons d'arrêt, ou *netzukés*, à l'extrémité de ces cordelières de soie, étaient faits de minuscules statuettes, souvent humoristiques, de petits masques ou d'animaux. Les sculpteurs de netzukés ont réalisé ce tour de force de donner à des objets minuscules une ampleur de composition singulière, d'une exécution à la fois vigoureuse et fine. C'est à la fin du XIVe siècle qu'apparaissent les netzukés ; mais ceux du XVIIIe siècle peuvent être considérés comme les plus beaux.

Chapitre VII

LES MASQUES

Les masques japonais jouissent d'une réputation méritée ; ils dénotent une rare acuité d'observation, une extraordinaire puissance d'expression. La plupart de ces masques sont en bois sculpté, peint ou laqué ;

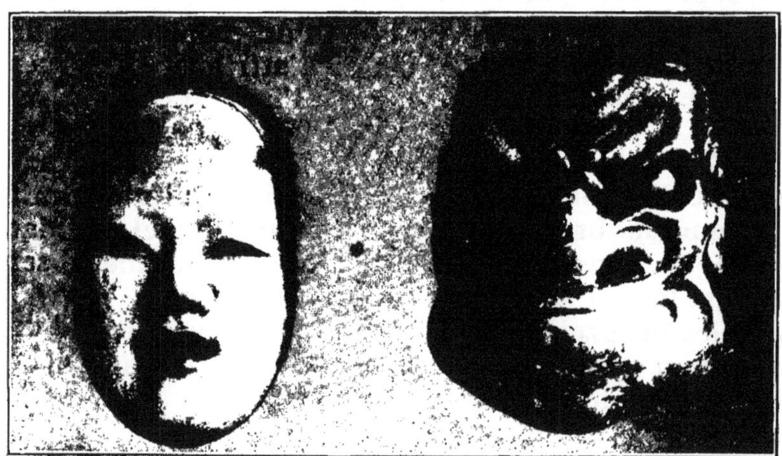

Fig. 14. — Type Mambi.   Fig. 15. — Type Béchimi.

les plus anciens sont faits de papier ou de laque sèche. On sait que les acteurs japonais avaient coutume de porter des masques. Dès le VIIIe siècle apparaissent les masques des représentations sacrées. Vers 1370 fut créé le théâtre de Nô : c'était une sorte de réplique du théâtre grec, avec les mêmes chœurs lyriques. Les masques du théâtre de Nô représentent, soit des types généraux, soit les personnages d'une pièce. Les masques des XVIIe et XVIIIe siècles sont considérés comme les meilleurs. Ils sont l'expression la plus vivante des passions, des vices, des spasmes tragiques de l'humanité. On distingue dans les masques de théâtre

plusieurs types : le type *Mambi* (fig. 14), visage
souriant de jeune fille ; le type *Béchimi* (fig. 15),
le dernier mot de l'art au point de vue de la verve
caricaturale. A signaler aussi le type *Yacé-Onna*

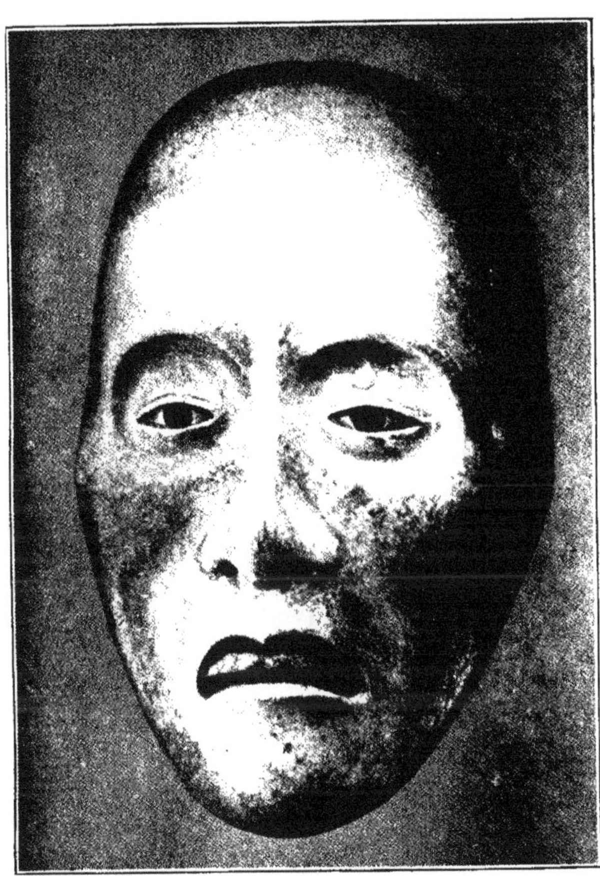

Fig. 16. — Type Yacé-Onna.
Collection Gillot.

(fig. 16), c'est-à-dire la femme maigre. Nous observons
là un réalisme tragique ; la bouche a une étonnante
expression d'amère lassitude, tandis que les yeux
caves et les joues creuses sont comme les stigmates
d'une vie misérable. Citons enfin le type *Akoujo*, le
vieillard méchant, et le type *Doji*, le jeune homme.

Chapitre VIII

LES GARDES DE SABRE

Jamais le génie décoratif des Japonais ne s'est affirmé avec autant d'éclat que dans les gardes de sabre, qui sont, en général, des chefs-d'œuvre de composition décorative et d'exécution. Le port du sabre était un privilège dont les *samouraïs* et les *daïmios* étaient fiers : aussi n'est-il pas surprenant de voir avec quel soin ils en ont fait décorer les gardes.

Les plus anciennes gardes ne sont pas antérieures à la fin du XIVe siècle. Œuvres de forgerons d'armures, elles sont, en général, tout en fer, sans damasquinage ni incrustations : on y apprécie la beauté de la matière, ainsi que la simplicité du décor. Dès le XVe siècle il y eut des armuriers spécialisés dans la fabrication des gardes. A cette époque, on commence à ciseler les sujets sur des fonds à jour et à découper à l'emporte-pièce des silhouettes d'oiseaux ou d'animaux, ainsi que des fleurs. Au XVIe siècle, ce sont les fonds à cannelure à relief, le damasquinage en cuivre jaune ou rouge, l'incrustation qui obtiennent la vogue. Les familles d'armuriers les plus en renom à cette époque sont celles des *Umetada*, des *Myochin* et des *Shoami*. Mais c'est peut-être à la famille *Shimizu*, de la province de Higo, que l'on doit les plus belles gardes fabriquées au XVIIe siècle. Vers la fin du siècle et au commencement du XVIIIe, les ciseleurs en ont produit également de fort belles. Ce sont parfois de merveilleuses dentelles de fer obtenues par le découpage à la scie (fig. 17), des incrustations en haut relief, de somptueux damasquinages d'or (fig. 18). Les compositions de cette époque sont d'une incomparable variété (fig. 1 et 2). A la fin du XVIIIe siècle, l'art de fabriquer les gardes de sabre est en pleine décadence : la fonte alors remplace souvent le fer forgé.

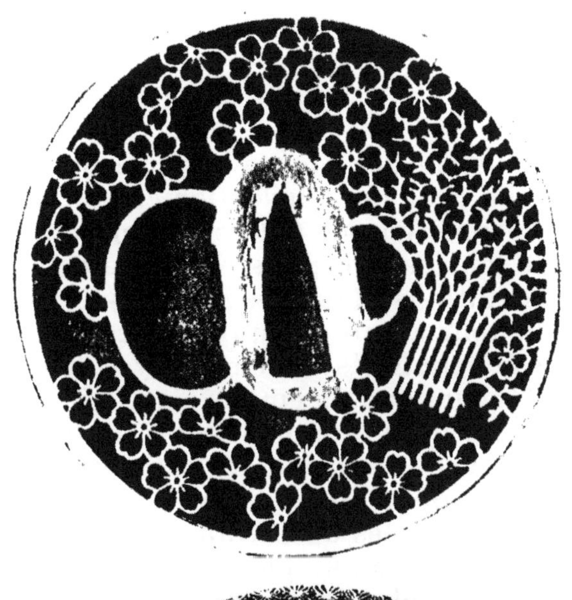

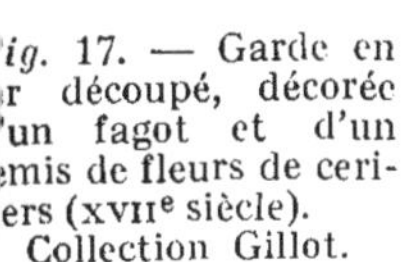
Fig. 17. — Garde en fer découpé, décorée d'un fagot et d'un semis de fleurs de ceriers (XVIIe siècle).
Collection Gillot.

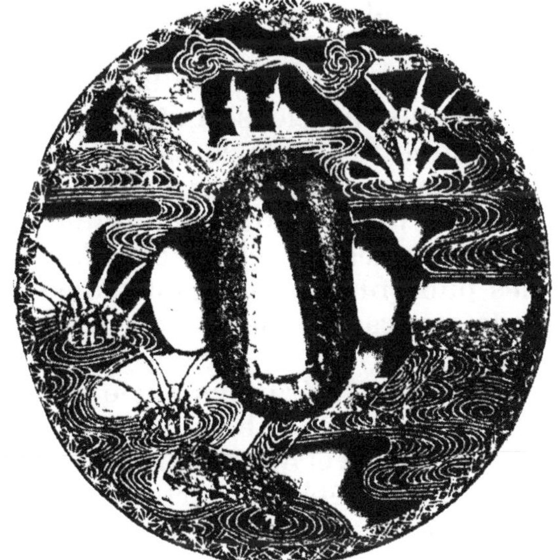
Fig. 18. — Garde en fer ajourée et damasquinée d'or (XVIIe siècle).
Collection Collin.

Chapitre IX

LES LAQUES

L'industrie des laques est une des gloires de l'art japonais. Bien que l'invention en soit due aux Chinois, les Japonais en ont tellement perfectionné les procédés de fabrication qu'ils en ont fait un art national. Les conditions dans lesquelles vivaient les laqueurs étaient tout à fait exceptionnelles. On sait, en effet, qu'ils étaient logés, nourris, payés, leur vie durant, par les seigneurs qui les employaient ; ils pouvaient donc, en toute tranquillité, se vouer à un labeur qui exigeait une patience inlassable. On est confondu d'admiration quand on songe que certains laques ont demandé jusqu'à vingt années de travail et que le moindre tremblement des mains, l'empâtement le plus léger, une température plus ou moins favorable pouvaient anéantir les efforts de plusieurs années. Il n'est donc pas exagéré de dire qu'un beau laque japonais est l'œuvre d'art la plus précieuse qui soit au monde.

Nul n'ignore que la laque est un vernis extrait de l'arbre appelé *rhus vernicifera*, vernis qui possède un éclat et une solidité métallique et qu'on applique sur les meubles ou les objets d'art. La technique en est des plus minutieuses ; elle consiste en une succession de ponçages, de polissages, d'applications de couches de vernis, de séchages à la chaleur humide ; le total de ces opérations varie de trente à soixante. Ajoutons que tous les bois ne sont pas également propres à être laqués et que le bois préféré des artistes japonais a toujours été une sorte de pin appelé *hi-no-ki*.

Les laques japonais sont d'une résistance à toute épreuve ; ils peuvent braver les intempéries et résistent même à un séjour prolongé dans l'eau.

On distingue différentes sortes de laques. Signalons d'abord les laques noirs, dont on admire l'éclat velouté, et les laques d'or qui sont d'une variété infinie, sans oublier les laques rouges avec ou sans or, les laques gravés et enfin les laques sculptés.

Les laques dits *aventurinés* sont les plus estimés ; ils consistent en mosaïques d'or de différents tons

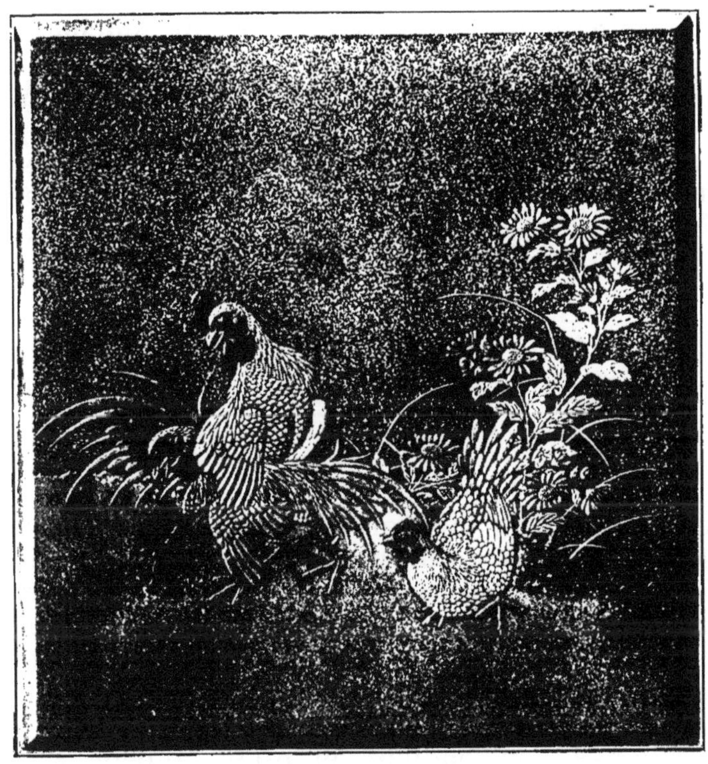

Fig. 19. — Écritoire en laque aventuriné.
Collection Gillot.

(fig. 19). Leur nom vient de leur ressemblance avec les verres de Venise du même nom. Il y a lieu de mentionner également les laques *burgautés*, qui sont incrustés de nacre de perle.

Parmi les objets laqués les plus nombreux, on remarquera les boîtes à médicaments appelées *in-ros*, les écritoires, les nécessaires à parfums.

Les laques les plus anciens remontent au VIe siècle de notre ère ; ils sont, en général, à fond noir uni. Ceux du XVe siècle sont estimés ; mais les laques du XVIIe siècle ont toujours été considérés comme les plus précieux.

Le laqueur *Korin*, qui fut aussi un peintre de grand talent, occupe dans l'histoire de l'art du laquage une des premières places. Son mode d'emploi de l'or est très particulier : tantôt c'est une poussière d'or qu'il répand sur les objets, tantôt il applique l'or en larges touches d'une chaleur de ton merveilleuse. L'élève de Korin, *Ritsuo*, a laissé des œuvres dignes du maître.

Chapitre X

LA PEINTURE

Caractères généraux. —La peinture et l'estampe occupent dans l'art japonais la première place ; et l'on ne doit pas oublier qu'un grand nombre de laqueurs, de céramistes, de ciseleurs ont commencé par étudier la peinture. Si l'on en excepte les fresques religieuses, la plupart des peintures japonaises, avant tout décoratives, sont destinées à orner la maison. Tantôt ce sont des peintures sur soie ou sur papier qui ont une forme allongée en hauteur et qu'on appelle *kaké-monos*, c'est-à-dire choses qui s'accrochent : on les suspend, en effet, à la place d'honneur dans la maison (fig. 10) ; tantôt ce sont des peintures en largeur, les *makimonos*, qu'on déroule sur le plancher pour les contempler.

Comme les peintres chinois, les peintres japonais ont employé l'encre de Chine et quelques couleurs liquides ; comme eux, ils ont ignoré le clair-obscur, le relief. Ils n'ont guère fait usage que de la perspective isométrique, et cela jusqu'au XIXe siècle.

Parmi les qualités des peintres japonais, il faut mettre au premier rang la virtuosité du trait et aussi une habileté extraordinaire leur permettant d'obtenir des effets par un simple écrasement du pinceau. On connaît l'anecdote concernant le peintre *Sesshu*. Mandé par l'empereur de Chine, qui l'invite à lui montrer un échantillon de son talent, il prend un balai, le plonge dans l'encre et, en quelques minutes, dessine un dragon d'une allure si puissante que le monarque, émerveillé, l'engage sur l'heure.

Les peintres japonais ne conçoivent pas le paysage comme nos peintres européens : ils ont une sensibilité toute différente. Le fac-similé, la copie de la nature leur paraissent un non-sens. Ce qu'ils recherchent, c'est l'évocation poétique, l'expression, pour ainsi dire immatérielle, par des moyens simples et en ne donnant que l'indispensable (fig. 4). Un paysage japonais a pour nous l'apparence d'une ébauche.

Évolution. — La période primitive, qui va du VIe au XIe siècle, est exclusivement religieuse ; elle nous a laissé quelques fresques bouddhiques, notamment au temple de Horiu-ji. Ces fresques, dont les couleurs et les fonds d'or nous sont parvenus obscurcis par les fumées de l'encens, ont le caractère des miniatures indo-persanes.

Au XIIe siècle, les premières manifestations de l'art humoristique se font jour avec le peintre *Toba Sojo*, dont le temple Kozan-ji, à Kioto, conserve quelques œuvres. C'est à la même époque que prend naissance la première école japonaise, celle des *Yamato*.

Du XIVe siècle il nous est resté quelques beaux portraits, comme celui du peintre Jitchin, du Musée du Louvre, attribué à l'école des *Takuma*.

Avec le XVe siècle apparaissent les premiers paysagistes, dont le plus célèbre est *Sesshu*. A la fin de ce siècle, nous verrons se former deux grandes écoles qui resteront distinctes jusqu'au XVIIIe siècle, l'école de *Kano* et l'école de *Tosa*.

L'école de *Kano*, fondée par *Kano Massanobu* (1453-1490) et son fils *Manatobu*, est franchement tributaire de la peinture chinoise de l'époque des Song et des Ming. C'est la même hardiesse de pinceau ; ce sont les mêmes finesses, les mêmes traits vigoureux. A l'encontre des peintres de l'école de *Tosa*, les peintres de l'école de *Kano* choisissent leurs sujets dans la nature. Les paysages qu'ils exécutent sont, tantôt hérissés de rochers, comme ceux du peintre *Sansetsu*, tantôt calmes et reposants. Les principaux peintres de l'école de *Kano* sont, outre les fondateurs de l'école, les peintres *Sesshu*, *Tanyu* et *Itcho*.

L'école de *Tosa*, école officielle impériale, est essentiellement japonaise. Son art est un art noble, aristocratique, qui emprunte ses sujets aux romans de chevalerie ; chez les artistes de cette école l'exécution est vigoureuse, précise, le coloris éclatant. Parmi les peintres de l'école de *Tosa*, nous citerons *Mitsouski*, *Mitsounobou*, *Sotatsu* et *Koyetsu*.

A la fin du XVIe siècle, *Matahéi*, après avoir été l'élève des deux écoles de *Kano* et de *Tosa*, fonde une école indépendante. L'un des premiers, il choisit ses sujets dans la vie populaire : c'est pourquoi on le considère comme le précurseur et comme un des fondateurs de la fameuse école dite l'*Oukiyo-Yé*, c'est-à-dire *Peinture du monde qui passe*, école qui eut une si grande vogue au XVIIe et au XVIIIe siècle. Les Japonais lui ont donné le nom d'*École vulgaire*, par opposition aux écoles de *Tosa* et de *Kano*, qui avaient méprisé l'étude des sujets réalistes et populaires, pour se consacrer aux sujets dits nobles, tels que les scènes de guerre ou les paysages.

Avec l'*Oukiyo-Yé* disparaît, dans la peinture japonaise, la philosophie de la nature. Désormais les tableaux seront jugés et estimés pour leur valeur propre et non plus pour ce qu'ils peuvent contenir de pensées profondes.

A partir du XVIIIe siècle l'histoire de la peinture japonaise se confond avec celle de l'estampe, dont l'étude fera l'objet du chapitre suivant. Néanmoins, dans ce siècle encore, certains peintres n'ont produit des estampes qu'exceptionnellement ; d'autres, tels que *Korin* et *Itcho*, n'ont jamais travaillé pour l'estampe, bien que beaucoup d'œuvres dues à leur pinceau aient été gravées après leur mort.

Le peintre *Korin* (1661-1716) est, au Japon, l'un

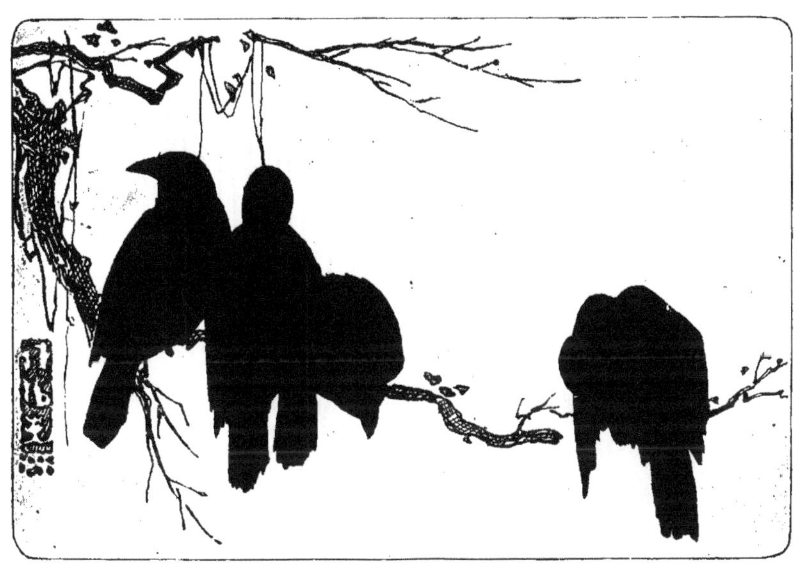

Fig. 20. — Corbeaux au clair de lune, par Korin.

des maîtres de la peinture décorative. Les Japonais ont reconnu en lui un des génies les plus représentatifs de leur art et ils ont appelé sa manière *Wa-Gwa*, c'est-à-dire *Façon de notre pays*. Le dessin de *Korin* dénote une sûreté, une souplesse de main déconcertante ; sa manière de composer séduit par l'imprévu. Dans ses peintures à l'encre de Chine, il est le rival des plus grands maîtres, comme on en peut juger par ses fameux corbeaux (fig. 20). *Korin* a deux manières très distinctes : ses œuvres nous offrent tantôt l'expression fidèle de la nature, tantôt une stylisation très poussée.

Le peintre *Okyo* (1733-1795) est considéré comme le

fondateur de l'école naturaliste. Son dessin est d'une extraordinaire précision. Dans ses poissons (fig. 21) on remarquera avec quel art il estompe les formes dans la transparence de l'eau.

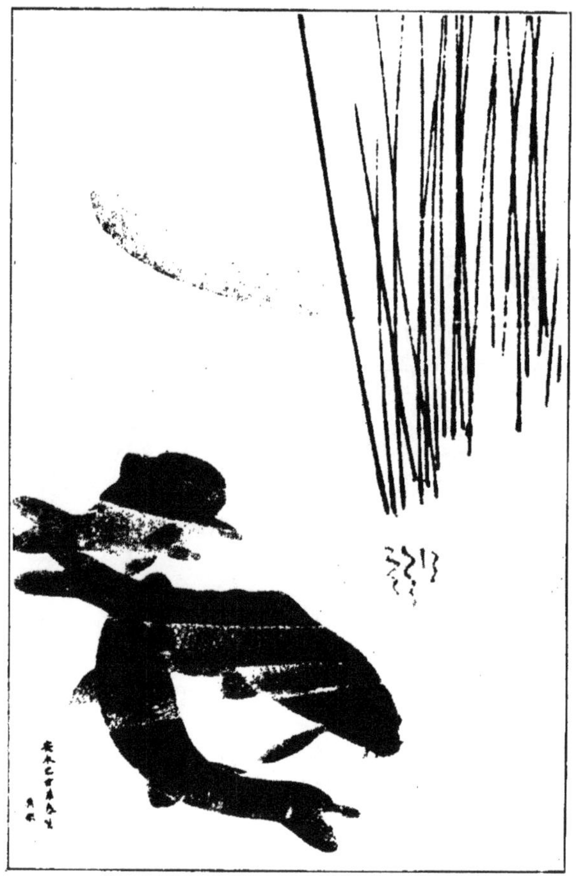

Fig. 21. — Poissons dans les roseaux, par Okyo.

Mentionnons enfin le peintre *Sosen* (1747-1821), qui est célèbre pour ses études d'animaux, notamment ses études de singes, dont il a rendu les attitudes avec un merveilleux réalisme. Le Musée de Boston conserve un grand nombre d'œuvres de cet artiste.

CHAPITRE **XI**

LES ESTAMPES

Technique. — L'estampe japonaise est le produit de la collaboration du peintre, du graveur et de l'imprimeur. Le graveur travaille sous les yeux du peintre, qui a dessiné et peint le modèle. Les Japonais n'ont connu que la gravure sur bois et n'ont jamais eu recours au burin, ni à l'eau-forte. L'artiste commence par dessiner le sujet au pinceau sur papier transparent, puis il colle ce papier en le retournant sur une planche de bois de cerisier et entaille le bois à travers le papier. C'est alors que l'imprimeur intervient : son rôle est des plus délicats, il doit s'efforcer de réaliser les finesses de tons de la composition fournie par le peintre. Avec un tampon rond, il frotte le papier sur la planche gravée. Lorsque l'estampe est en plusieurs couleurs, il faut autant de planches de bois qu'il y a de couleurs et le repérage est fait avec le plus grand soin. L'imprimeur, lui, travaille uniquement à la main, sans le secours d'aucune machine, et c'est avec une science consommée qu'il varie l'encrage et les couleurs. Ces couleurs, délayées à l'eau, pénètrent facilement le papier, qui est un papier sans colle.

Les primitifs. — Les primitifs n'ont connu que l'estampe en blanc et noir. Les plus anciennes estampes japonaises, qui remontent au XIVe siècle, représentent le plus souvent des sujets bouddhiques ; gravées au trait, elles sont, en général, d'une facture grossière. Le style des livres illustrés du XVIe siècle est raide et figé : il rappelle la manière chinoise. C'est au XVIIe siècle que l'art de l'estampe atteint au Japon la perfection, avec *Moronobu* (1638-1714), qui en est considéré comme l'initiateur. Son style sans doute est affranchi de l'influence chinoise ; mais ses femmes, il faut le reconnaître, ont une élégance un peu lourde. Son contemporain, *Kiyonobu* (1664-1729), est le peintre des acteurs et des scènes de théâtre. A partir de 1715, ses estampes, toujours tirées en noir, ont quelques

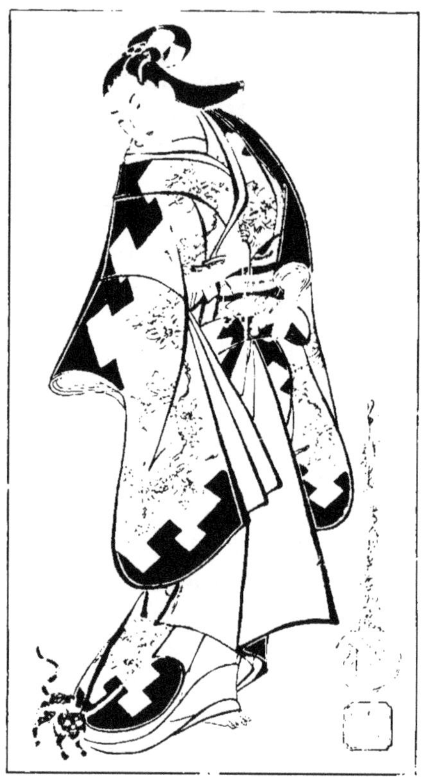

Fig. 22. — Une geisha, par Kwaïgetsudo.

rehauts de rouge : c'est ce qu'on appelle des *tanyés*.
L'école des *Kwaïgetsudo*, dont les œuvres datent de 1707 à 1714, nous a laissé des estampes représentant des femmes de grande taille, à la tête ronde et forte, habillées de robes aux plis lourds et très richement décorées (fig. 22). Ces figures, bien qu'un peu archaïques, indiquent un progrès sensible dans le dessin, qui est à la fois plus libre et plus souple.

L'impression polychrome. — Ce n'est que vers 1740 que les Japonais ont commencé à faire usage de planches gravées en couleurs : cette polychromie gravée fut d'abord limitée à deux tons, le rose et le vert. On désigne ces estampes sous le nom de *béniyés*.

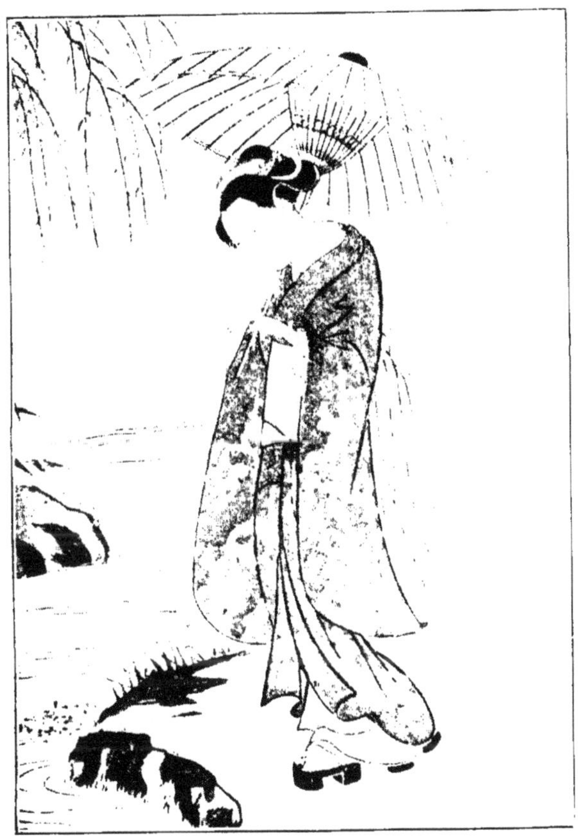

Fig. 23. — Promenade, par Harunobu.
Musée du Louvre.

L'un des premiers qui exécuta des estampes en deux couleurs est *Masanobu* (1685-1764) ; il imprime à ses femmes une grâce nouvelle et traite avec réalisme les fonds de paysages. Ses successeurs sont *Shigenaga* et *Toyonobu*. Mais la véritable impression polychrome commence, en 1765, avec *Harunobu* (1730-1770).

Les nuances qu'il emploie sont délicates. Il règne dans son œuvre une harmonie de tons opaques et de tons transparents, où dominent le rouge pâle, le gris, l'ocre clair, le vert atténué et les bistres : il a recours parfois à huit tons différents. L'un des premiers, il ajoute des gaufrures. A ses corps de femmes il donne une souplesse, une grâce enjouée qui vont quelquefois jusqu'à l'affectation ; en général, le buste est incliné et la tête est penchée (fig. 23). Les robes n'ont plus ces plis raides qu'on observe à l'époque primitive (fig. 22) ; les étoffes sont souples et légères. *Harunobu* est l'auteur de nombreuses estampes et il a illustré beaucoup de livres, parmi lesquels on peut citer les *Brocarts du printemps* et les *Beautés du Yoshiwara.*

Koriusaï imite *Harunobu.* Il excelle à grouper plusieurs personnages sur une surface haute et étroite. A la fin de sa carrière, son coloris devient plus chaud et plus riche que celui de son maître. L'élégance de ses corps de femmes a exercé une réelle influence sur l'art de *Kiyonaga* et d'*Outamaro.* Ajoutons que *Koriusaï* est un animalier remarquable : ses oiseaux, notamment, accusent une rare puissance de dessin.

On a vu plus haut avec quel merveilleux réalisme les sculpteurs japonais ont traité les masques de théâtre. La même intensité de vie, la même acuité d'observation se retrouvent dans les estampes consacrées aux scènes de théâtre ou aux portraits d'acteurs, comme en témoignent les œuvres de *Shunsho* (1726-1792), de *Shunyei* (1761-1819), de *Shigémasa* (1739-1819), de *Buncho*, mort en 1796. Le plus remarquable de ces artistes est sans doute *Shunsho :* son coloris est d'une grande vigueur, avec des noirs brillants et des rouges merveilleux. Ses albums les plus célèbres sont les *Éventails de théâtre*, les *Bustes d'acteurs*, le *Miroir des beautés des maisons vertes* et enfin la *Sériciculture.* Ces deux derniers albums ont été faits en collaboration avec *Shigémasa.*

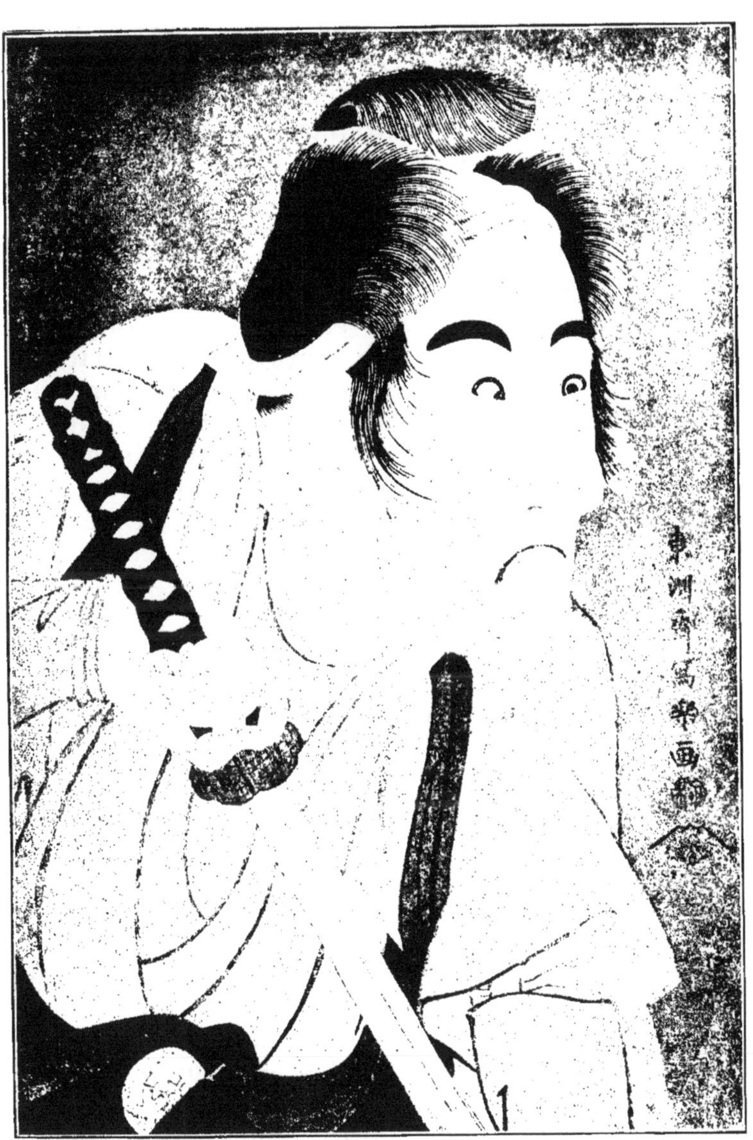

Un acteur, par Sharaku.

L'apogée de l'estampe japonaise. — La plus belle époque de l'estampe japonaise est celle de *Kiyonaga* (1742-1815), d'*Outamaro* (1754-1806), de *Hokusaï* (1760-1849) et de *Hiroshigué* (1792-1858). On doit citer également *Sharaku*, qui s'est spécialisé dans les têtes d'acteurs (pl. IV) et dont la verve caustique et le réalisme n'ont pas été surpassés.

Kiyonaga possède les dons les plus rares. Son coloris est une admirable symphonie, où les noirs veloutés, discrètement employés, accompagnent soit des rouges brique, soit des roses, et où les gris verts s'opposent aux bruns. Parfois, avec une incroyable dextérité, il recouvre dessin et couleurs d'un bleu ou d'un noir très transparent. Sa palette a comme un éclat tempéré. On admire dans ses œuvres une étonnante aisance du dessin. Ses groupes de femmes s'équilibrent avec une science profonde de la composition. Lorsque ces groupes sont composés de trois femmes, ce qui est fréquent, comme dans son estampe du Bac traversant le Sumida (pl. V), la femme du milieu est figurée debout dans une attitude pleine de noblesse et d'élégance ; celles qui l'entourent ont une attitude penchée. Avant *Kiyonaga*, les femmes étaient, soit comme celles de *Moronobu*, de robustes filles très jeunes, soit, comme celles d'*Harunobu*, des adolescentes. C'est *Kiyonaga* qui, le premier, a représenté la femme japonaise dans la plénitude de ses formes. Quelle que soit l'élégance de leurs silhouettes, les femmes de *Kiyonaga* ont un embonpoint normal, sauf celles qu'il a dessinées à la fin de sa carrière : à ce moment, comme son rival *Outamaro*, il figure des corps étirés et d'une sveltesse irréelle. D'une façon générale, *Kiyonaga* nous a donné une image très fidèle de la Japonaise avec son visage arrondi, ses gestes simples et naturels. Signalons enfin dans l'œuvre de cet artiste l'impressionnisme des paysages qu'il donne comme fond à ses compositions. Ces paysages sont indiqués d'une façon sommaire (pl. V), en quelques touches très habiles.

Kitagawa Outamaro est un des maîtres les plus

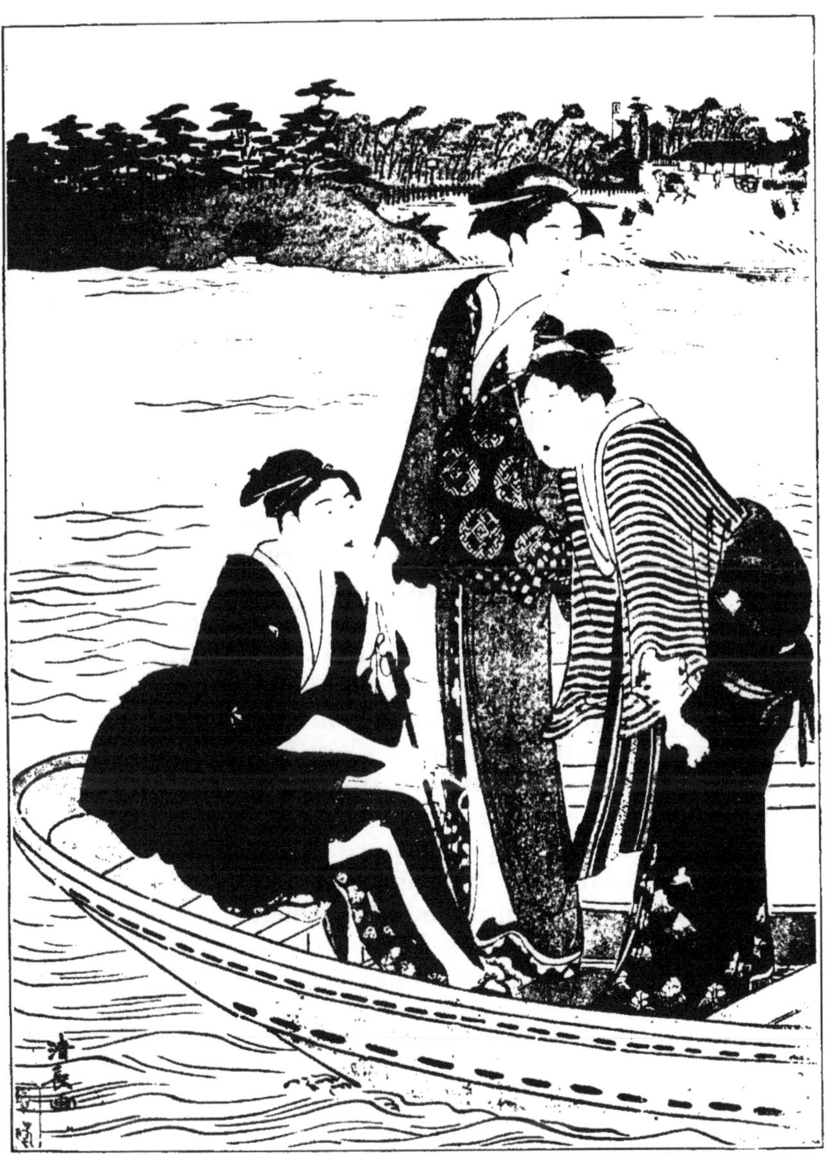

Bac traversant la Sumida, par Kiyonaga.

admirés de l'estampe japonaise ; ses œuvres ont joui et jouissent encore d'une immense vogue, non seulement au Japon, mais aussi en Europe. Son coloris délicat, parfois subtil, a une distinction particulière : c'est une harmonie de tons fondus, passés et pourtant très chatoyants, mais sans une seule note criarde. Ce n'est que dans ses œuvres qu'on observe certains tons, comme le mauve qui se dégrade en gorge de pigeon, ou bien des gris indécis qu'aucun autre artiste n'a su imiter. *Outamaro* a été, avant tout, le peintre de la femme ; il a consacré à cet art toute sa vie et tout son génie. Grandes dames, courtisanes, femmes du peuple défilent dans ses livres illustrés et dans les innombrables estampes qu'il a signées. Il y a lieu d'appeler l'attention sur la série d'estampes intitulée *Scènes maternelles :* on y découvrira avec surprise un *Outamaro* simple et vrai, étudiant avec bonhomie de petites scènes d'intérieur, où les mères s'efforcent d'amuser des bambins. Toutefois, la caractéristique du talent d'*Outamaro* est ailleurs. C'est dans les deux livres illustrés par lui et intitulés l'*Annuaire des maisons vertes* et les *Fleurs des quatre saisons* qu'on pourra le mieux apprécier son talent. *Outamaro* s'y montre sous son vrai jour, c'est-à-dire comme un idéaliste, souvent outrancier, qui ne veut point voir la femme japonaise telle qu'elle est ; il crée là un type de femme qui ne correspond guère à la réalité. En effet, bien que la plupart des Japonaises aient un visage arrondi, *Outamaro* adopte le visage ovale, parfois trop allongé. La chevelure, très haute, est ornée de multiples épingles (pl. VI), et, sous de fins sourcils très arqués, les yeux sont à peine entr'ouverts ; le nez long est sommairement indiqué et la bouche minuscule donne l'impression de deux pétales de fleurs. Cet artiste possède au plus haut point le sentiment de la ligne ; un charme infini se dégage de ses compositions. Dans sa série des *Grandes Têtes* notamment, les gestes ont une grâce captivante (pl. VI) et les mains sont admirablement dessinées. *Outamaro* est,

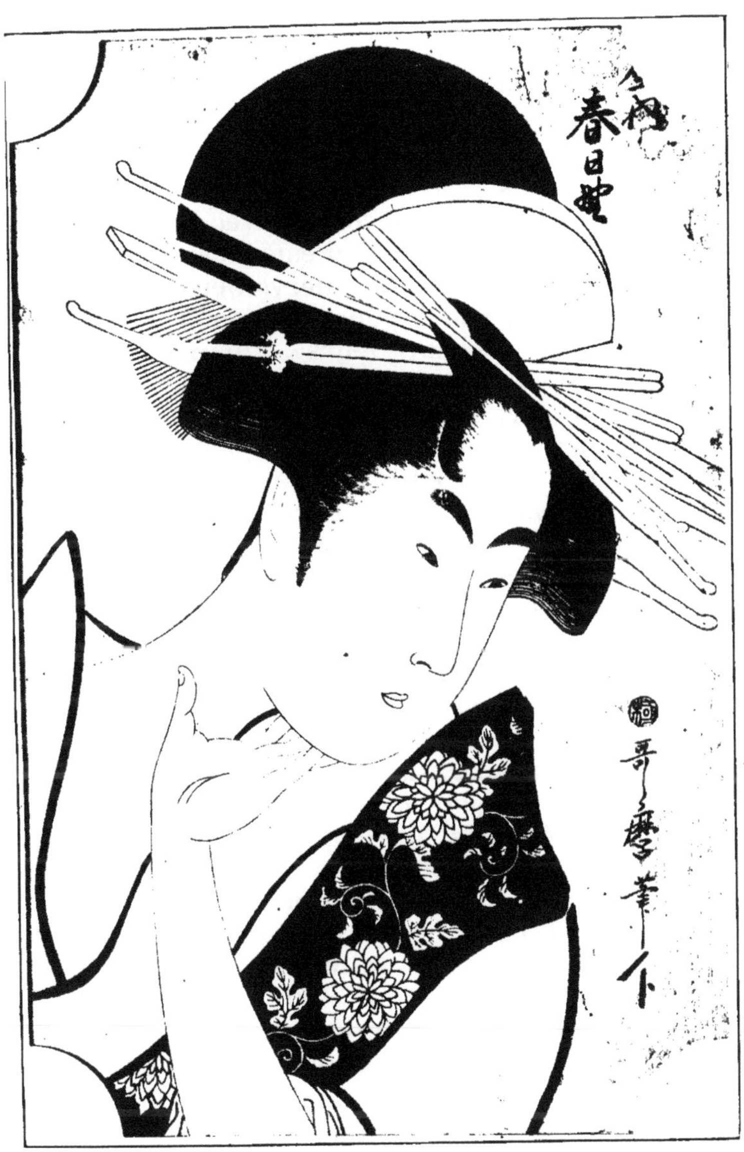

Une Japonaise, par Outamaro.

avant tout, le peintre des élégances. La femme japonaise est petite, plutôt trapue et assez rondelette. Or, *Outamaro* a imaginé un type idéal de Japonaise svelte et élancée (pl. VII). Ces corps de femmes, souvent plus grands que nature et qu'un écrivain du siècle dernier a appelés les *corps mannequinés d'Outamaro*, sont habillés avec un goût somptueux et délicat. Les robes de soie sont décorées avec une fantaisie remarquable : dans sa série d'estampes intitulée les *Heures* on en trouvera de merveilleux spécimens. Ce sont tantôt des robes pourpres, où il semble que des cours d'eau tracent leurs sillons, tantôt des robes violettes avec des oiseaux sur des arbres en fleurs ou des caractères japonais en blanc, tantôt encore des robes d'un beau noir profond avec des chrysanthèmes, tantôt enfin des robes bleues décorées de pivoines roses. Les larges ceintures s'harmonisent de la façon la plus heureuse avec les robes de couleurs ; elles ont des tonalités éteintes, souvent en vieil or. A la fin de sa carrière, *Outamaro* est tombé dans le maniérisme et l'afféterie. Ses femmes ont des gestes et des attitudes contournées ; et son dessin, trop souple, dégénère en arabesques. Les corps ne sont plus seulement élancés, mais démesurément étirés. Il nous reste à dire un mot d'un aspect tout différent du génie d'*Outamaro*. Cet artiste, qu'on peut considérer comme le prince des idéalistes, fut également un merveilleux réaliste. Il a illustré trois livres d'histoire naturelle, qui sont des chefs-d'œuvre d'observation et de coloris. Ce sont d'abord les *Insectes choisis*, où il étudie avec minutie la vie de ces animaux, puis le livre intitulé les *Cent crieurs*, qui nous donne des études d'oiseaux, et enfin les *Souvenirs de la marée basse*, le plus beau des trois, sans doute, consacré aux coquillages.

Les imitateurs d'*Outamaro* sont assez nombreux. Nous citerons d'abord *Yeishi* (1764-1829), célèbre pour sa série des *Courtisanes*, recueil d'estampes sur fond argenté, œuvre digne du maître, et aussi

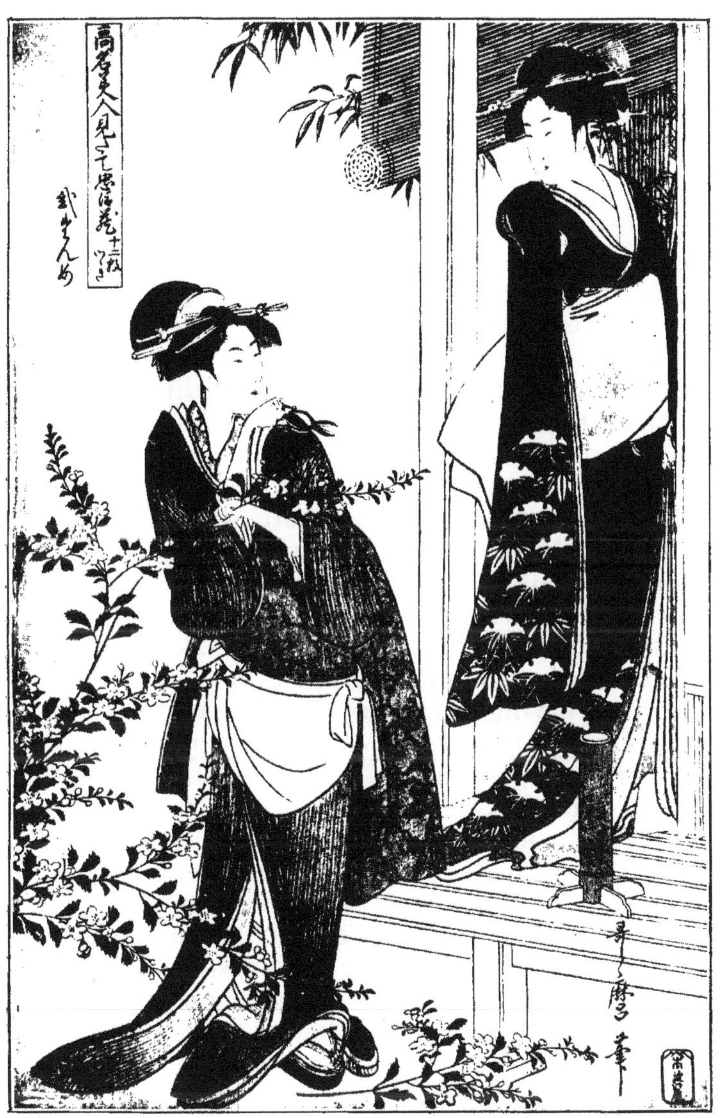

Les *Jolies femmes célèbres*, par Outamaro.

Outagawa Toyokuni (1769-1825) : celui-ci est plus réaliste et la grâce de ses compositions rappelle parfois celle des plus grands maîtres du XVIIIᵉ siècle.

Avant d'aborder l'étude du génial artiste *Hokusaï*, qui est la gloire de l'estampe japonaise, il convient de mentionner l'un de ses précurseurs, *Masayoshi* (1761-1824), le maître du croquis rapide et du dessin cursif. On a dit que le cerveau des artistes japonais est un appareil photographique, dont l'objectif est l'œil. Les Japonais, en effet, perçoivent avec une rapidité surprenante les moindres mouvements, les attitudes les plus variées des animaux ; ils enregistrent dans leur cerveau une image synthétique de la nature et l'expriment avec une merveilleuse simplification dans la notation, en ne donnant que l'essentiel à l'aide d'un dessin sommaire et prodigieusement expressif. Les croquis de *Masayoshi* nous offrent un exemple frappant de cette extraordinaire faculté (pl. VIII).

Autant par l'importance de son œuvre que par sa personnalité, *Hokusai* occupe la première place dans l'histoire de la peinture et de l'estampe japonaises. La vie de ce grand artiste fut étrange. Bohème incorrigible, traqué par ses créanciers, il déménagea, dit-on, quatre-vingt-dix fois. Plein de dédain pour l'argent, *Hokusaï* ne vécut que pour son art. Il mourut à quatre-vingt-neuf ans, et sa longue carrière nous offre un exemple extraordinaire de labeur incessant et de grande modestie. A soixante-quinze ans il écrivait : " Je dessine depuis l'âge de six ans, j'ai toujours travaillé et pourtant je suis mécontent de tout ce que j'ai fait jusqu'à soixante-dix ans. Ce n'est qu'à partir de soixante-treize ans que j'ai commencé à comprendre la forme et la nature vraie. A quatre-vingts ans, j'aurai fait des progrès et à quatre-vingt-dix ans j'arriverai au fond des choses. Je pense à cent ans être supérieur et, à cent dix ans, tout sera vivant dans mon œuvre. "

Hokusaï est un dessinateur incomparable, un des plus grands artistes de tous les temps. Son coup de

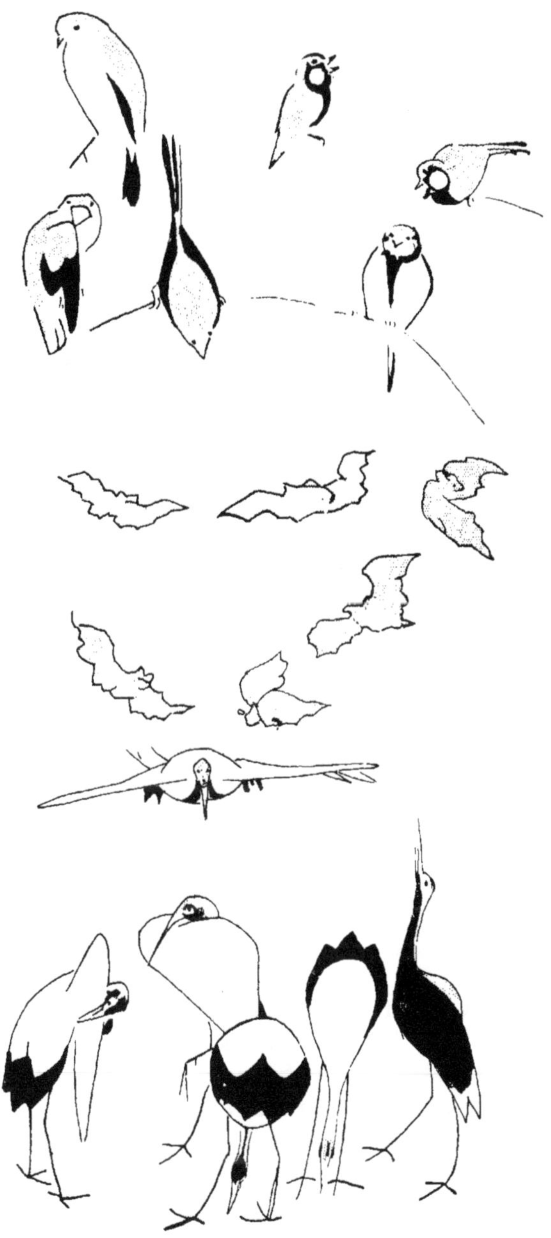

Oiseaux divers, chauve-souris et cigognes, par Masayoshi.

pinceau est vif, nerveux, incisif, âpre et puissant ; sa
sûreté de main et sa spontanéité sont incomparables.
Dans la plupart de ses œuvres on observe une recherche passionnée du mouvement : '' Je voudrais, écri-
vait-il, que mes personnages et mes animaux aient

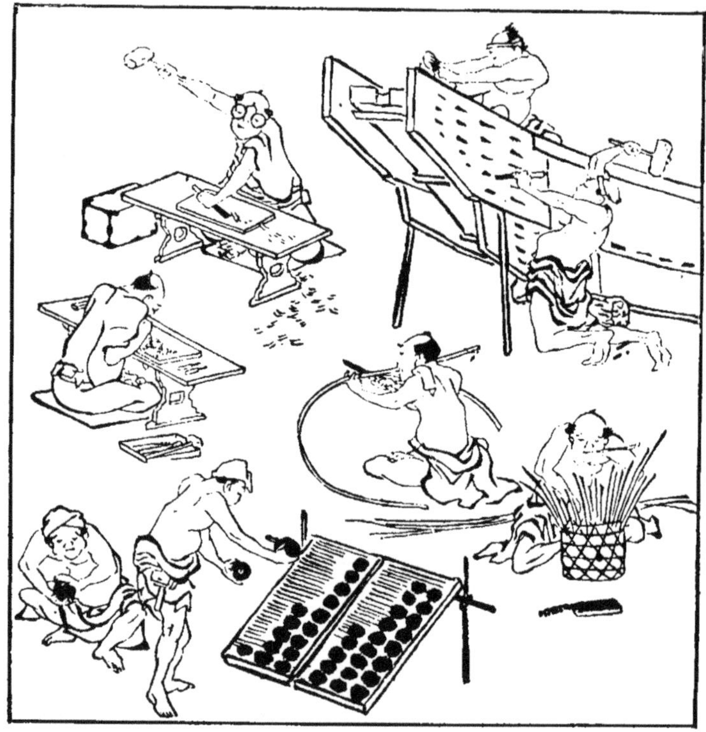

Fig. 24.   Les métiers, extrait de la *Mangwa*, par Hokusaï.

l'air de se sauver du papier et que tout soit vivant dans
mon art, soit une ligne, soit un point ''. Son recueil,
la **Mangwa**, c'est-à-dire *Esquisses rapides*, œuvre
capitale du maître, véritable encyclopédie de la vie japonaise, ne comprend pas moins de dix mille croquis
exécutés d'un seul trait, sans lever le pinceau (fig. 24).
Dans ce recueil, où l'artiste saisit, avec une rare acuité
d'observation, les gestes et les attitudes, s'épanouis-
sent à chaque feuillet un esprit caustique, une bonne

humeur spirituelle, qui est un des traits du caractère japonais (fig. 24).

L'œuvre de *Hokusaï* est immense et d'une grande variété. Nous mettrons au premier rang ses trois recueils, les *Images des poètes*, les *Grandes fleurs* et les *Trente-six vues du Fuji* (fig. 25). Dans ce

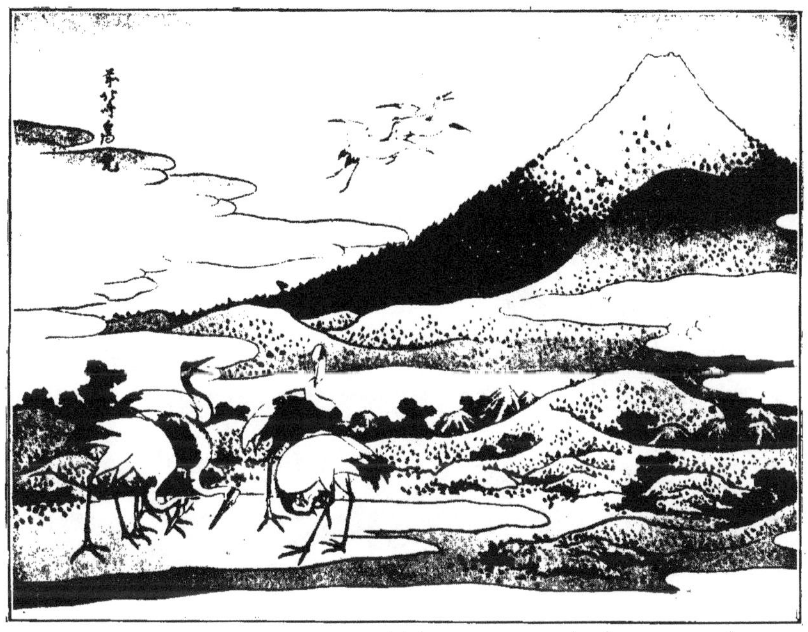

Fig. 25. — Une des *Trente-six vues du Fuji*, par Hokusaï.

dernier recueil, *Hokusaï* se révèle un des premiers peintres impressionnistes ; il donne toute l'importance à la couleur et varie les tons, suivant l'heure du jour et suivant les saisons. On sait que le Fuji est l'un des principaux volcans du Japon. C'est en 1834 qu'il publia un autre recueil sur le Fuji, intitulé les *Cent vues du Fuji*. Dans ce recueil, le paysage n'est que le cadre de scènes populaires. Mentionnons également sa série des *Cascades*, qu'on peut compter au nombre de ses chefs-d'œuvre pour l'invention décorative.

Hokusaï ne fut pas seulement un dessinateur d'estampes et un peintre de génie, il fut aussi un merveilleux dessinateur industriel ; il nous a laissé un nombre considérable de modèles pour les étoffes, les peignes, les pipes, les écrans, les gardes de sabre, etc. Comme dessinateur, ce maître eut plusieurs manières. Dans la *Mangwa*, son dessin est nerveux, sec, un peu

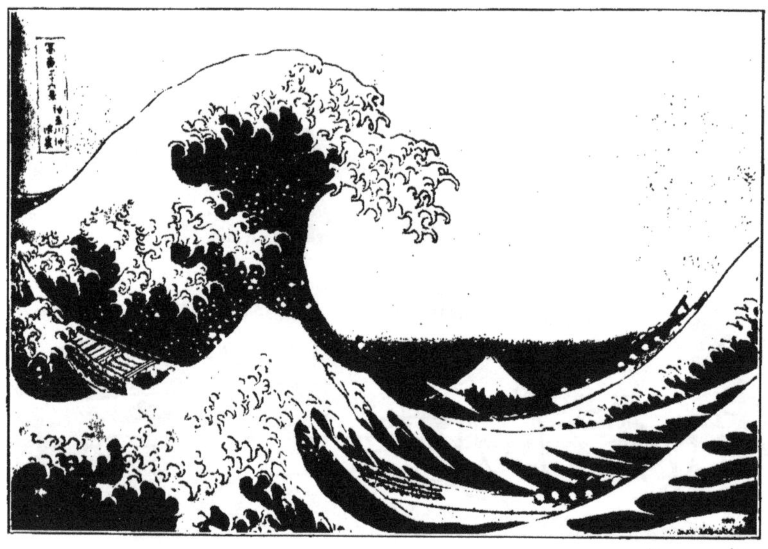

Fig. 26. — La Vague, dans les *Trente-six vues du Fuji*, par Hokusaï.

heurté ; dans ses *Grandes fleurs*, il a de la noblesse, de l'élégance, une grâce souple. A l'exemple de *Korin*, *Hokusaï* tantôt se montre naturaliste ou réaliste, tantôt stylise la nature avec une sorte de lyrisme et un esprit d'invention décorative très remarquable. On en trouve un exemple dans sa Vague (fig. 26), une des estampes les plus connues de son recueil, les *Trente-six vues du Fuji*. Cette composition, d'une allure si puissante et si pleine de fougue, nous montre la mer en furie : les énormes volutes des vagues sont comme frangées de griffes.

Une place à part doit être réservée au peintre

Hiroshigué, qui est considéré comme un des plus grands paysagistes du Japon et dont les moindres esquisses (fig. 4) sont considérées comme des chefs-

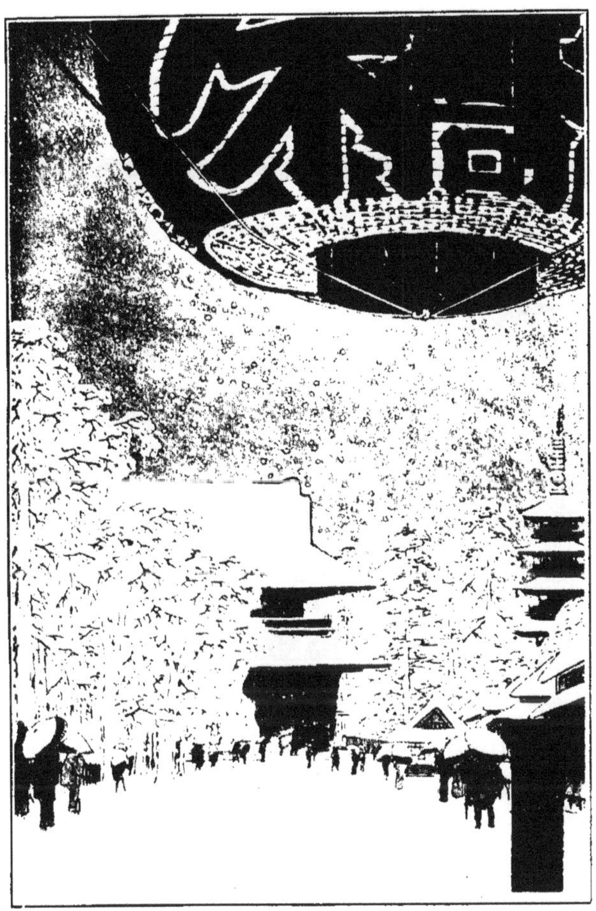

Fig. 27. — La Grosse lanterne, par Hiroshigué.

d'œuvre. Par son originalité, par son choix du site, par son étonnante façon d'imaginer des premiers plans qui coupent et repoussent le paysage, cet artiste exerce une véritable séduction. Tantôt il nous montre une grosse lanterne (fig. 27), tantôt le pilotis d'un pont, tantôt des vols obliques d'oies sauvages.

Hiroshigué a été, avec *Hokusaï*, un des rares peintres japonais qui aient connu et pratiqué la perspective à la manière des artistes européens ; souvent, d'ailleurs, il la marie à la perspective japonaise, qui est la perspective cavalière ou aérienne. Comme coloriste, *Hiroshigué* est supérieur à *Hokusaï* ; il affectionne les harmonies subtiles, les crépuscules, les jeux de

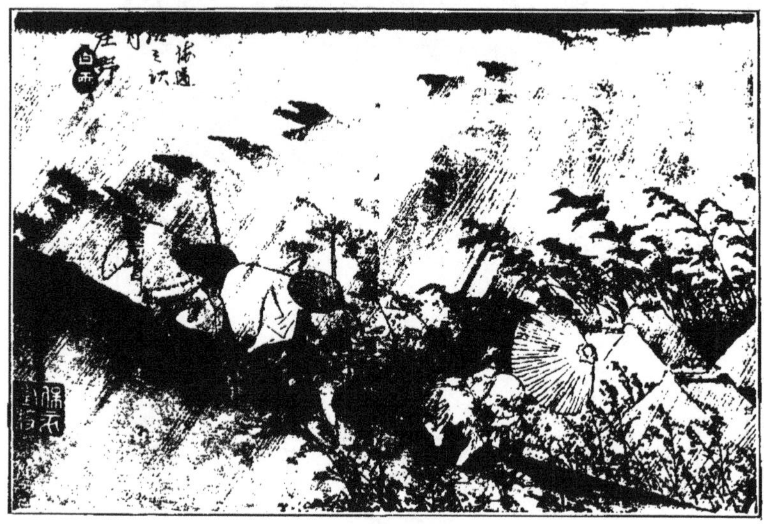

Fig. 28. — Un orage à Todasu-no-Mari, par Hiroshigué.

lumière des fonds qui s'estompent. Son habileté est si grande qu'il se joue des difficultés et semble les rechercher. Il n'a pas d'égal pour exprimer les effets de neige (fig. 27), les clairs de lune, les brouillards et surtout les pluies. Il excelle dans l'art de figurer les averses d'orage : à travers le rideau de pluie, on voit les cimes des arbres se courber sous l'ouragan (fig. 28). Un autre effet de pluie torrentielle est obtenu en entre-croisant des traits obliques qui tombent des nuées d'encre (pl. IX).

Les paysages calmes et souriants de *Hiroshigué* dénotent un amour sincère et poétique de la nature. Entre les premiers plans et l'horizon, le vide est rempli

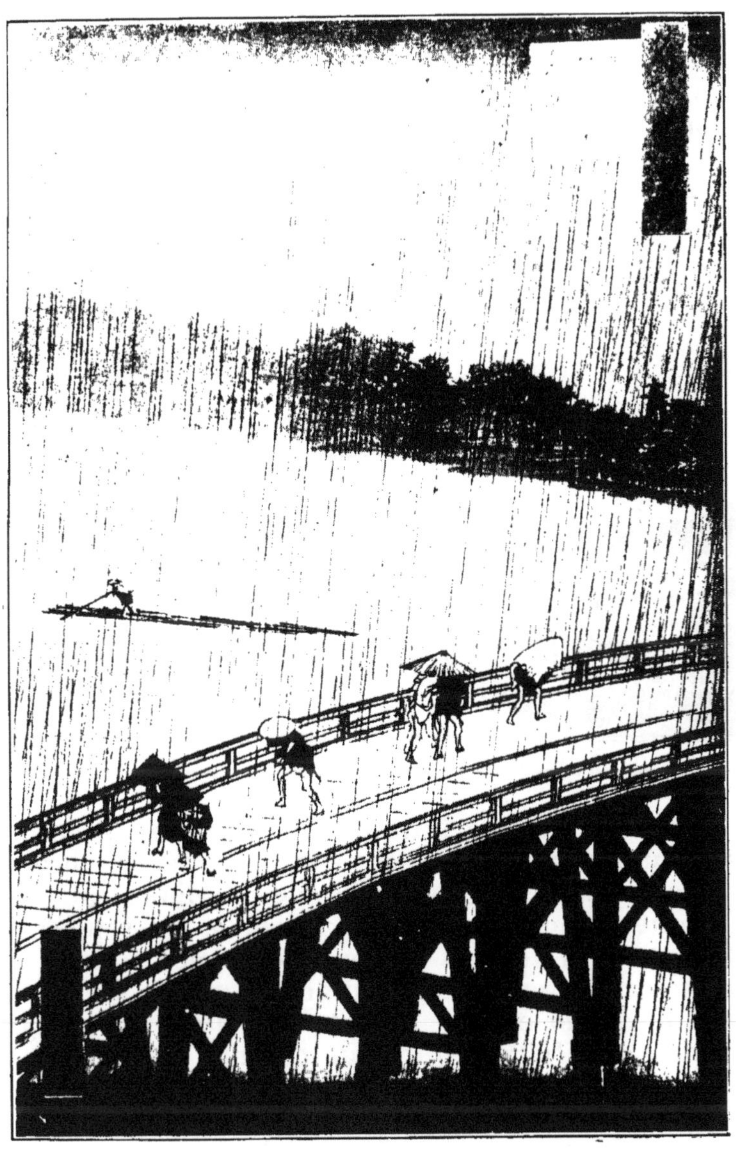

Une averse sur le pont de Ryogoku, par Hiroshigué.

par une succession de tons dégradés et de lignes rangées avec un art à la fois très simple et très subtil (fig. 29). Outre ses séries d'oiseaux, de poissons et de fleurs, qui sont très estimées, son œuvre comprend d'abord ses *Huit vues d'Omi*, consacrées au lac Biwa (fig. 29), et son *Tokaïdo*, où défilent les jolis sites de la route de Yédo à Kioto. En 1856, il publiait

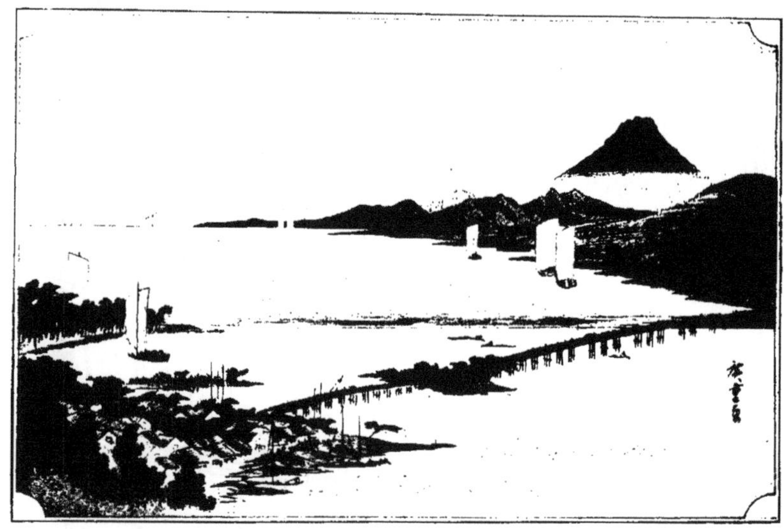

Fig. 29. — Le lac Biwa, par Hiroshigué.

un admirable recueil intitulé les *Soixante provinces*. L'une des plus belles estampes de ce recueil nous donne une image de la Plage de Maïko (pl. X): dans cette planche, les pins opposent le ton rougeâtre de leurs troncs au bleu profond de la mer. C'est à la fin de sa carrière que ce grand artiste publia ses *Cent vues de Yédo* et ses *Trente-six vues du Fuji*. Ajoutons que *Hiroshigué* eut comme collaborateur son fils *Hiroshigué II*, dont l'œuvre présente les mêmes caractères que celle de son père.

Après *Hiroshigué* c'est la décadence : c'est alors, en effet, que les Japonais commencent à employer les couleurs d'aniline.

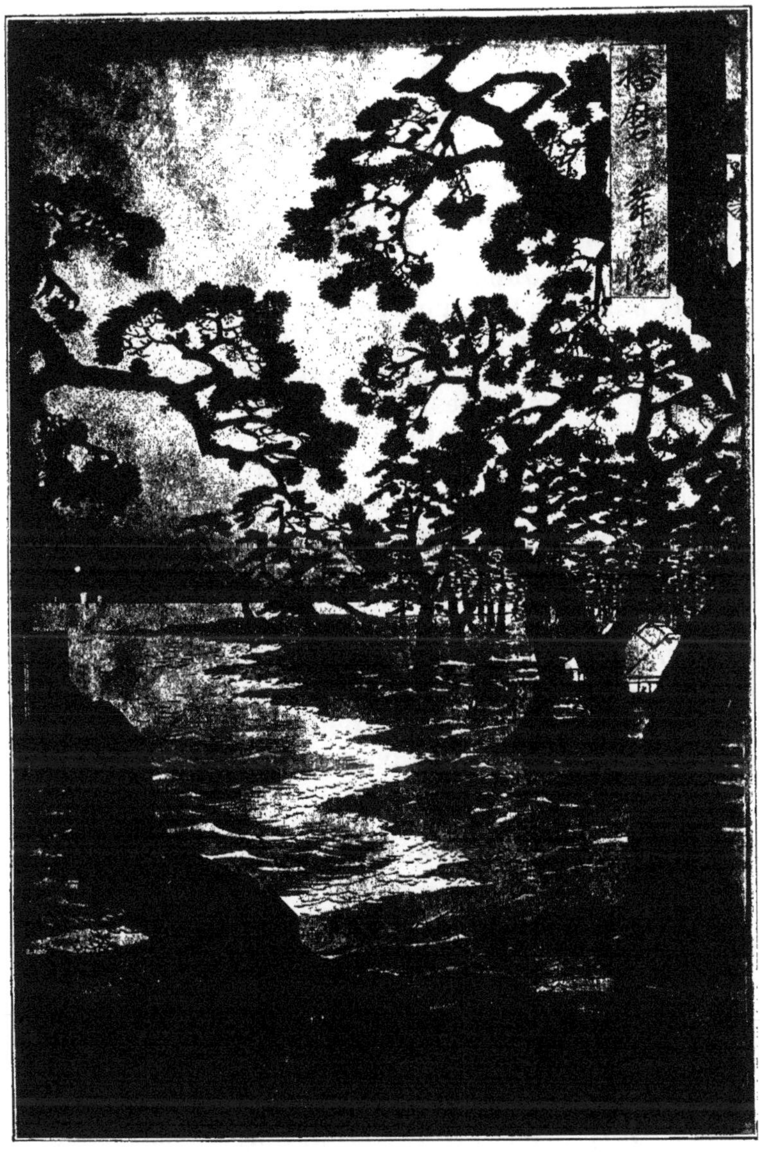

La plage de Maïko, par Hiroshigué.
(Extrait des *Soixante provinces.*)

Chapitre XII

LES TISSUS

C'est à la Chine, par l'intermédiaire de la Corée, que les Japonais ont emprunté la technique de l'art de la soie, qu'ils ont, d'ailleurs, perfectionnée. Au VIIe siècle, il y avait déjà au Japon des ateliers de tissage de soie. Au siècle suivant, le Japon connut les tissus imprimés par la gravure sur bois et le *batik*, teinture à la cire. Du Xe au XIIe siècle, on ajoute aux tissus des fils d'or ou d'argent et des perles. C'est au XVe siècle qu'apparaissent les étoffes de coton imprimées au pochoir, les étoffes brochées avec des soies floches, auxquelles on ajoute des fils plats dorés, souvent en papier végétal, procédé curieux qui donne aux tissus une grande richesse. Le XVIe siècle voit naître au Japon l'art de fabriquer des tissus de velours, et, plus spécialement, les velours épinglés, dont on trouvera de beaux échantillons au Musée des Arts décoratifs, à Paris.

Les ornements géométriques dominent dans les tissus jusqu'au XVe siècle. A partir de cette époque, la vogue va aux rinceaux, aux arabesques, inspirés du style persan sassanide, avec des affrontements d'animaux.

L'influence chinoise disparaît au XVIe siècle pour faire place au dessin purement japonais. Aux XVIIe et XVIIIe siècles, le tissu japonais s'affranchit de toute influence étrangère ; les costumes de théâtre et les robes de femmes y sont d'une grande richesse décorative (pl. XI), avec des tons rares et d'une exquise harmonie.

On connaît cette charmante coutume japonaise qui consiste à faire remettre, à l'occasion d'une fête, un présent enveloppé dans une splendide étoffe de soie, nommée *foukousa*. Le Musée des Arts décoratifs, à Paris, conserve de merveilleux spécimens de ces *foukousas* des XVIIIe et XIXe siècles.

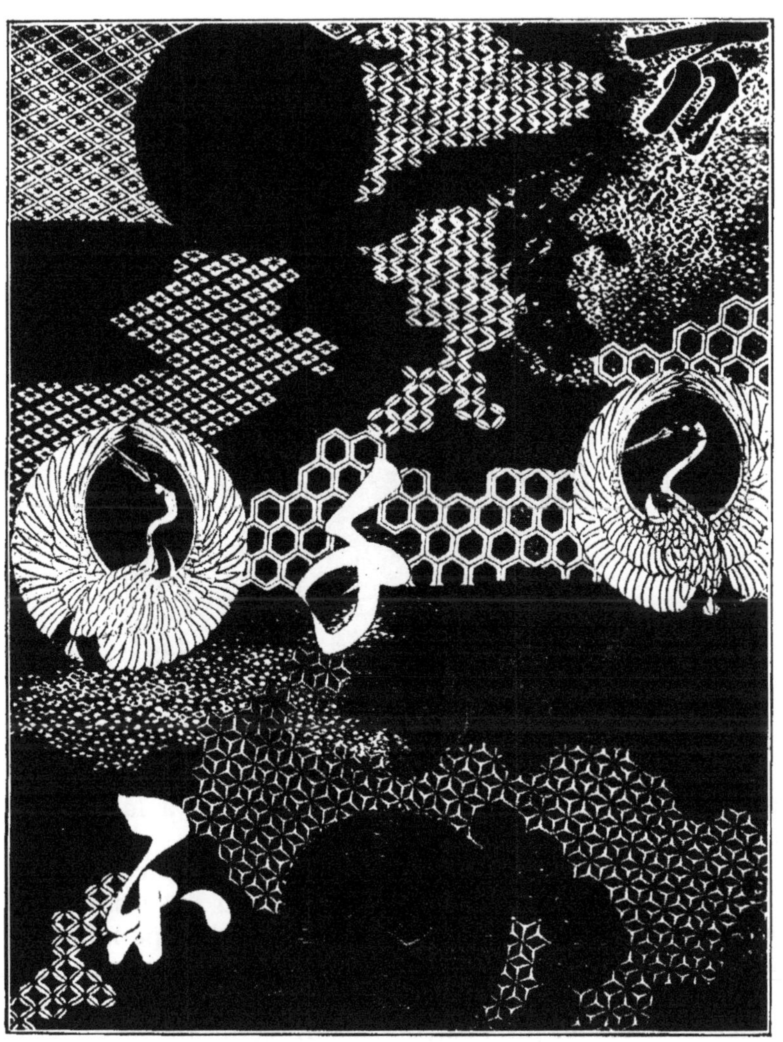

Étoffe de soie (XVIIIᵉ siècle).
Musée des Arts décoratifs, à Paris.

Chapitre XIII

LA CÉRAMIQUE

La porcelaine japonaise ne peut rivaliser avec la porcelaine chinoise, ni par le nombre, ni par la qualité des produits. Mais la faïence et le grès flammé

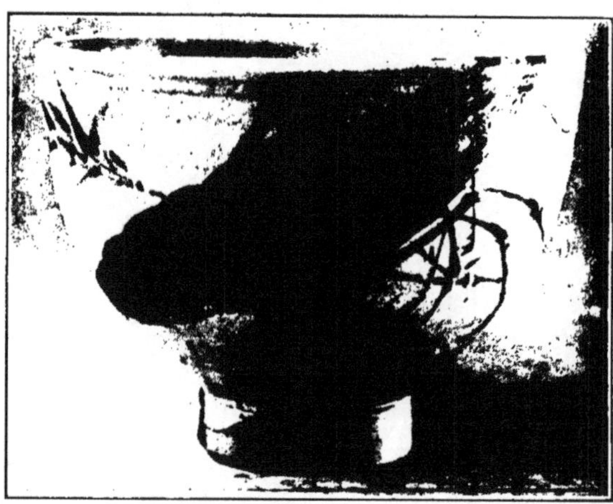

Fig. 30. — Bol à thé, à couverte grise, décorée d'une langouste rouge (XVIIIe siècle). Musée des Arts décoratifs, à Paris.

du Japon sont manifestement supérieurs à la poterie de Chine.

L'histoire de la poterie japonaise commence avec la fabrique de *Karatzu*, au VIIIe siècle. Au XIIIe siècle, le potier *Toshiro*, appelé le père de la poterie japonaise, fit faire de grands progrès à la fabrication. Ses bocaux à thé, *chairé*, d'un beau vernis brun, sont très recherchés.

Les faïences les plus estimées sont celles de la fabrique de *Satsuma*, surtout celles qu'on nomme *vieux satsuma* : la pâte en est serrée, très dure, et le vernis est comme lustré. Les spécimens, d'ailleurs, en sont rares.

Les plus célèbres potiers japonais sont *Ninsei* et

Kenzan, qui vivaient au XVIIIe siècle. Vers la fin de ce siècle, il faut citer aussi les noms de *Shuhei* et *Kantei*, qui ont fabriqué tant de jolis modèles de la petite théière japonaise appelée *kuisu*.

Les poteries japonaises sont très variées. Celles qu'on nomme *vieux raku* ne comportent aucune ornementation ; les formes en sont un peu grossières ; elles ont servi surtout à confectionner des bols à thé. Il y a lieu de mentionner également les produits de la province de *Bizen :* ce sont surtout des figurines de dieux et d'animaux, qui peuvent rivaliser avec les plus jolis *netzukés.*

Quant aux porcelaines, on doit signaler parmi les plus belles celles de *Hizen* et de *Kutani.*

CONCLUSION DU TREIZIÈME VOLUME
DE LA GRAMMAIRE DES STYLES

Aucune nation, sans doute, n'a connu un art plus séduisant que l'art japonais. Parler de l'art japonais, c'est évoquer l'image d'un réalisme sans outrance et sans brutalité, c'est éveiller l'idée de quelque chose d'imprévu, d'original, d'amusant.

En parcourant le présent volume, on a pu se rendre compte des qualités de l'art japonais : l'appropriation du décor à la forme, un instinct très sûr de la composition, et enfin une extraordinaire puissance d'évocation. Aucun peuple n'a possédé au même degré le don de traduire sa pensée et d'exprimer son émotion en quelques traits essentiels par une image synthétique, où l'artiste ne dit qu'à demi-mot tout ce qu'il a ressenti devant la nature.

Si l'art japonais a exercé une influence certaine en Europe, notamment sur quelques peintres, comme Whistler, et sur la plupart des dessinateurs d'affiches, son domaine, en revanche, a été très limité, surtout en comparaison de l'immense domaine de l'art musulman, qui fera l'objet du volume suivant.

TABLE DES MATIÈRES

IMPRIMERIE KAPP. — PARIS-VANVES 7-26

www.ingramcontent.com/pod-product-compliance
Ingram Content Group UK Ltd.
Pitfield, Milton Keynes, MK11 3LW, UK
UKHW031806170726
13836UKWH00003B/1230